Pomysły na
ZABAWY
w przedszkolu

Martina Zeller

Pomysły na ZABAWY w przedszkolu

Ilustracje Anja Rieger

JEDNOŚĆ

Tytuł oryginału: *Spielideen für den Kindergarten*

Autorka:
Martina Zeller

Ilustratorka:
Anja Rieger

Przekład z języka niemieckiego:
Magdalena Rykowska

Redakcja i korekta:
Paulina Warzycha

Redakcja techniczna:
Artur Czerwiec

Projekt okładki:
Małgorzata Anczykowska

Zdjęcia na okładce i w treści:
Copyright © by Shutterstock

ISBN 978-83-7660-374-2

Wydawnictwo JEDNOŚĆ
25-013 Kielce, ul. Jana Pawła II nr 4
Dział sprzedaży, tel.: 41 349 50 50
Redakcja, tel.: 41 349 50 00
www.jednosc.com.pl
e-mail: jednosc@jednosc.com.pl

Druk i oprawa:
Drukarnia im. A. Półtawskiego
www.drukarnia.kielce.pl

Spis treści

Przedmowa

Socjalizacja

Ruch

Majsterkowanie

Muzyka

Natura i technika

Nauczanie kognitywne

Nauczanie integralne

Dzieci mogą się uczyć tylko dzięki własnym doświadczeniom, pojmowaniu zależności i badaniu każdej rzeczy. Samodzielne działanie umożliwia im rozumienie otoczenia, orientowanie się w nim, ale również wywieranie wpływu na środowisko, w którym żyją. Dzieci chcą się uczyć wszystkimi zmysłami: dotykaniem, manipulowaniem, chwytaniem, smakowaniem, wąchaniem, słuchaniem, patrzeniem i poruszaniem się. Dlatego ważne jest, aby stwarzać im okazję do zbierania doświadczeń w możliwie najszerszym zakresie. Dzieci uczą się najlepiej, kiedy jednocześnie angażuje się ich wszystkie zmysły i uczucia.
W książce przedstawię wiele propozycji zabaw, które zachęcą najmłodszych i sprowokują do zintegrowanego działania. Będą one oparte na zakresach doświadczeń i życiowych kontekstów z otoczenia dzieci, a szczególnie zaakcentowana tu zostanie wspólnota, w której dziecko się rozwija. Wzmocnimy przez to ważne obszary, takie jak percepcja, motoryka, pamięć, zachowania społeczne, pewność siebie, samodzielność.
Przedstawione w książce propozycje pokazują, jak codziennie bawić się z dzieckiem, jak majsterkować, muzykować i eksperymentować, a jednocześnie wspierać jego rozwój.

Co jest ważne w nauczaniu dzieci?

Dzięki własnej aktywności, samodzielności i integralnemu nauczaniu dzieci przyswajają sobie wiedzę na temat otaczającego ich świata. Uczą się przede wszystkim przez obserwację, eksperymentowanie, naśladowanie i zabawę. Dzieje się to za pomocą wszystkich zmysłów. Doświadczenia zmysłowe, które dziecko wykonuje po raz pierwszy i przetwarza, pomagają w budowaniu połączeń nerwowych między komórkami nerwowymi; te przekazują bodźce dalej – do mózgu. Im więcej doświadczeń spotyka dziecko, tym więcej połączeń powstaje i tym szybciej dochodzi ono do rozumienia, pojmowania i zadowolenia z osiągnięcia sukcesu.
Wrażliwa faza budowania połączeń do mózgu jest szczególnie uwidoczniona podczas pierwszych siedmiu lat życia dziecka. Z tego powodu czas spędzony w przedszkolu jest ważnym etapem w rozwoju. Między trzecim a szóstym rokiem życia wiele się zmienia. Dzieci uczą się wspinać, utrzymywać równowagę, jeździć na rowerze, na hulajnodze, grać w piłkę. Motoryka

dłoni rozwija się przez malowanie, wycinanie, klejenie i zabawy dłońmi. Uczucia coraz bardziej się różnicują, dzieci odgrywają różne role w grupie i budują relacje. Rozpoczyna się kształtowanie sumienia, dzieci uczą się wartości, rozwija się mówienie i myślenie. Zwiększają się też dziecięce potrzeby zabawy, myślenia i obserwacji. Nadzwyczajne zdolności uczenia się mózgu pociągają za sobą szczególną gotowość do uczenia się, którą widać we wszystkich obszarach jako ciekawość i żądzę wiedzy. Dlatego tak ważne jest wczesne przygotowanie do nauki szkolnej.

„Pomóż mi to zrobić samodzielnie!"

Z tą prośbą zwróciło się dziecko do lekarki i pedagoga, Marii Montessori. Prośba ta stała się motywem przewodnim stworzonej przez nią idei wychowania, która skierowana jest bezpośrednio na dziecko i jego potrzeby. Maria Montessori postrzegała dziecko jako „budowniczego samego siebie". Szacunek do wolności dziecka był centralną zasadą jej wychowania. Poprzez postawę gotowości intensywnie pobudzającego otoczenia wzmacnia się naturalną chęć do nauki, swobodę ruchu i podejmowania decyzji u dzieci i ich pęd do samodzielności i niezależności.

Właśnie dziś dzieci potrzebują więcej wyzwań dla swojego myślenia, przeżywania, odczuwania i działania, ponieważ sztucznie wykreowane obrazy w mediach coraz mocniej wypierają konkretne, rzeczywiste spotkanie dzieci z ich otoczeniem.

Dzieci potrzebują otoczenia, które wspiera ich radość z odkrywania, chęć poznawania i dążenie do samodzielności. Potrzebują procesu uczenia, w którym na centralnym miejscu stoją doświadczenia, odkrywanie i badanie. Przez różnorodne osobiste doświadczenia dzieci mogą same budować obraz świata. Proces uczenia, ruch, percepcja są konieczne. Uczenie się musi być zatem rozumiane jako całościowy proces dojrzewania ducha, ciała i psychiki, jako ciągle rozwijająca się wspólna gra doświadczenia zmysłów, zdolności myślenia, przebiegu ruchu i uczuć.

Ważna dla dziecięcego procesu uczenia się jest przynależność do grupy, więź, bezpieczeństwo i miłość. Dzieci potrzebują silnych autorytetów i reguł współżycia. Wspólnota jest ważna, aby dzieci cieszyły się z poznawania świata i były zmotywowane do odkrywania nowości.

Nauczanie przedszkolne

W przedszkolach temat „przedszkolnego wspomagania uczenia się" staje się coraz ważniejszy od czasu wprowadzenia Programu Międzynarodowej Oceny Umiejętności Uczniów (PISA – *Programme for International Student Assessment*). Również rodzice stawiają duży nacisk na ukierunkowane przygotowanie ich dzieci do szkoły. Coraz częściej zadają pytanie: „Kiedy moje dziecko osiąga gotowość szkolną? Jak w założeniach wygląda praca przedszkolna? Jak mogę pomóc mojemu dziecku?".

Przygotowanie przedszkolne rozpoczyna się już w momencie wejścia do przedszkola, a właściwie jeszcze wcześniej, w domu. Odbywa się ono poprzez wspólną zabawę w czasie pobytu w przedszkolu, w czasie posiłków i sprzątania, w czasie wspólnej nauki. Ważna dla gotowości szkolnej jest zdolność dziecka do zabawy. Podczas zabawy w grupie dziecko zdobywa umiejętności i uczy się sposobu zachowania, które ważne są również w szkole i w dalszym życiu. Uczy się różnych zachowań społecznych, takich jak zawieranie nowych znajomości, omawianie z innymi różnorodnych zagadnień, branie pod uwagę innych, rozwiązywanie konfliktów za pomocą rozmowy, bycie w centrum uwagi, czekanie i wyrażanie własnych potrzeb.

W trakcie zabawy dziecko zdobywa również umiejętności językowe. Nawiązuje rozmowę z innymi, wyraża swoje potrzeby, opowiada o pomysłach, uczy się porozumiewać.
To, co się przeżywa, można odgrywać i przez to łatwiej jest rozpoznawać zależności i rozwiązywać problemy. Dzieci w czasie zabawy uczą się przestrzegania reguł, koncentracji, wytrwałości, radzenia sobie z niepowodzeniami i frustracjami. Zabawa z elementami konstrukcyjnymi, jak klocki, puzzle, układanki wspiera zdolności poznawcze i inteligencję. Dodatkowo angażowane są postrzeganie i kreatywność. Motorykę najmłodsi doskonalą w czasie zabaw na świeżym powietrzu i zabaw w grupie. Zdolności manualne rozwijają w trakcie wycinania, lepienia z plasteliny, nawlekania koralików i zabaw z paluszkami.

Cele w nauczaniu dzieci

Kształcenie powinno umożliwiać samodzielny proces przyswajania świata od samego urodzenia przez całe życie. Uczenie się powinno sprawiać radość i powodować zadowolenie z osiągniętego sukcesu.
Dzieci uczą się aktywnie i wszystkimi zmysłami. W czasie projektów realizowanych w przedszkolu dzieci powinny być pobudzane do samodzielnego myślenia i wyrażania własnego zdania. Dla wspierania samodzielnego myślenia istotne jest pozostawienie do dyspozycji dzieci wystarczająco dużej przestrzeni i czasu do zabawy z innymi dziećmi i włączanie ich do podejmowania decyzji, na przykład, co ugotujemy, co upieczemy, jak zorganizować zabawę. Każdy projekt powinien być wybierany razem z dziećmi i również one powinny szukać pomysłów i rozwiązań wspólnie wprowadzanych w życie. Omawianie zagadnień w grupie uczy słuchania innych, akceptowania ich życzeń, przekonań i interesów, opowiadania o własnych pomysłach, utwierdzania się we własnych przekonaniach i samodzielnego myślenia.

Przedmowa

Dzieci powinny uczyć się życia w odpowiedzialności za samego siebie i własne działania. Oznacza to, że muszą być świadome samych siebie, znać własne zdolności i słabości, panować nad uczuciami, samodzielnie myśleć i wydawać sądy. Poza tym powinny wyrażać własne potrzeby i przekonania, a także podejmować się samodzielnych zadań, mając na uwadze swoje mocne i słabe strony.
Możemy stworzyć z dziećmi książeczki „Co już potrafię". Każde ma własną książkę, w której pokazuje, co jest jego mocną stroną, na przykład: Potrafię dobrze wycinać. Odważę się zejść z dużej drabiny. Umiem pomóc młodszym w ubieraniu się. Oczywiście umiejętności te można przedstawić za pomocą obrazków.

Rozdział I
Socjalizacja

Socjalizacja w otoczeniu

Socjalizacja jest jednym z ważniejszych zadań przedszkolnych. Przedszkole jest poszerzonym polem życiowym, jakim do tej pory była rodzina. Dzieci mają w nim możliwość rozwijania i wypróbowania umiejętności społecznych wychodzących poza obszar rodziny.
Życie w grupie daje dzieciom poczucie przynależności do określonej wspólnoty, możliwość i gotowość do budowania społecznego współistnienia, podejmowania odpowiedzialności za innych.
Dzieci rozwijają zainteresowanie innymi, uczą się nawiązywania przyjaźni i ich pielęgnowania, a także podejmują decyzje wspólnie z grupą. Dzieci doskonalą także takie zdolności, jak gotowość niesienia pomocy i tolerancja. Rozumieją też i respektują myślenie, odczuwanie i działanie innych osób.

Dzieci nieustannie konfrontują się z innymi ludźmi w rodzinie, wśród przyjaciół, a później w szkole. To właśnie tutaj muszą nauczyć się zachowań społecznych, aby móc pielęgnować kontakty i przyjaźnie, a także umieć dopasować się do określonej grupy.
Socjalizacja dokonuje się codziennie w rodzinie, wśród znajomych i w grupie przedszkolnej i dlatego należy ją świadomie wspierać.

Zaprzyjaźnić się

od 3 lat

Przyjaźń jest dla dzieci bardzo ważna. Dzięki zdobyciu uznania rówieśników czują się silne i chętniej podejmują się różnych działań. Każdy potrzebuje przyjaciela, z którym może się bawić i któremu może zaufać, a także pomagać mu i móc liczyć na pomoc. Warto się zastanowić wspólnie z dziećmi, co przyjaźń wnosi w życie, co jest ważne dla przyjaźni. Uświadomić im, że każdy potrzebuje przyjaźni i nikt nie powinien być z niej wykluczony. Grupa dzieci może być zachęcana do działań poprzez wiele czynności, na przykład przygotowywanie posiłków, wspólne przeprowadzanie eksperymentów, rozwiązywanie zadań, wzajemną pomoc lub przez wspólne muzykowanie, taniec itp.

Wziąć odpowiedzialność

od 3 lat

Dzieci stopniowo rosną do roli „dużych" przedszkolaków-starszaków. Ten krok niesie ze sobą na pewno samodzielność i odpowiedzialność. To są te dzieci, z którymi „maluchy" się porównują, u których szukają pomocy, które podziwiają.
Ważne, aby dzieci uczyły się odpowiedzialności, ponieważ szkoła również niesie ze sobą odpowiedzialność za siebie i innych.
W przedszkolu, ale również w domu, znajduje się wiele rzeczy, za które dziecko może wziąć odpowiedzialność. Może regularnie podlewać wybrane kwiaty albo sprzątać określone miejsca.

Zrobić coś dla innych

od 3 lat

Aby wzmacniać gotowość niesienia pomocy, należy organizować działania, w których przedszkolaki będą przygotowywać dla innych określone przyjemności, będą robić dla nich coś dobrego. Można na przykład zaproponować zbiórkę odzieży dla dzieci z biednych rodzin. Umawiamy się, że każde dziecko przynosi jedno ubranko, które jest już na nie za małe. Potem całą zebraną odzież przekazujemy organizacji dobroczynnej.
Można również odwiedzać domy spokojnej starości albo chorych. Dzieci przygotowują piosenki, pieką samodzielnie ciasto, wykonują własnoręcznie drobne upominki. Poprzez takie akcje przedszkolaki mogą odczuć przyjaźń między ludźmi i nie będą odizolowane od środowiska, w którym żyją. Zdobywają ważne doświadczenia i dzielą się nimi z innymi.

Na tropie uczuć

Ważne, aby pracować z dziećmi nad wyrażaniem uczuć, ponieważ ciągle musimy zderzać się z uczuciami własnymi i innych osób. Dzieci powinny potrafić wczuć się w nastrój kogoś innego, rozpoznawać uczucia, rozumieć je, ale najpierw muszą nazwać, wytłumaczyć i zrozumieć swoje własne. Jeśli zrozumieją stany uczuciowe innych ludzi, będą inicjować zachowania społeczne. Uczą się, jak można sprawić innym radość i że można się cieszyć razem z innymi.

Istotne również, aby dzieci umiały obchodzić się z negatywnymi uczuciami, których doświadczają, na przykład ze złością. Nieprzyjemne uczucia nie powinny być ignorowane przez nas, dorosłych, albo odsuwane na dalszy plan. Dzieci powinny być wspierane w radzeniu sobie z uczuciami własnymi i innych, kiedy znajdą się w sytuacjach konfliktowych lub w żałobie. Powinny nauczyć się niewyładowywania wściekłości i agresji na innych i odszukiwania alternatywnych sposobów pracy nad negatywnymi uczuciami. Można na przykład wyładować złość na worku treningowym, poprzez ruch albo ściskanie jakiegoś przedmiotu. Dla rozwoju emocjonalnego ważne są pozytywne wzorce, wsparcie, miłość i bezpieczeństwo. Rozwijające się w takim środowisku dzieci będą umiały przekazywać dalej swoje dobre uczucia.

Rozmowa o uczuciach

od 3 lat

Dzieci wyrażają uczucia, które znają. Wymieniają się z innymi informacjami, kiedy te uczucia się pojawiają i z jakiego powodu. Rozmawiają o tym, które uczucia wprawiają je w dobry nastrój, a które są dla nich nieprzyjemne.

Lustrzane odbicia

od 3 lat

Każde dziecko otrzymuje kieszonkowe lusterko. Po kolei nazywamy różne uczucia. Dzieci próbują wyrazić je za pomocą mimiki.

Praca z obrazkami

Oglądamy obrazki, na których znajdują się osoby z różnymi wyrazami twarzy, i wspólnie zastanawiamy się, jak czują się te postacie. Możemy również pomyśleć, dlaczego ktoś może być smutny, przestraszony albo zdenerwowany.
Próbujemy odwzorować oglądane na obrazkach miny.
Postawą ciała i mimiką staramy się przedstawić uczucia z obrazków.

Pantomima

od 3 lat

Dziecko pokazuje, odgrywa jakieś uczucie, na przykład smutek. Pozostałe dzieci muszą obserwować jego gesty i mimikę i na tej podstawie odgadnąć, jak akurat się czuje. Kto zgadnie, jako kolejny próbuje przedstawić jakieś uczucie.
Pomocne mogą być obrazki ukazujące różne uczucia.
Dziecko wybiera sobie jeden, który chce przedstawić.

Tłumaczenie uczuć

od 3 lat

Obrazki z uczuciami „zmęczony, uparty, wściekły, smutny, wesoły, wystraszony" kładziemy na środku. Każde dziecko otrzymuje jeden kamyczek. Opowiadamy historię, w której występują różne uczucia. Jeśli uczucie się pojawi, przerywamy na krótko opowiadanie, a dzieci kładą kamyczki na odpowiednim obrazku.
Wspólnie rozmawiamy o tym, dlaczego dziecko tak się czuje i po czym poznało uczucie na obrazku. Potem opowiadamy ciąg dalszy historii, a dzieci dalej próbują zaznaczyć kamieniem odpowiedni obrazek.

Nina i jej uczucia

(Historyjka o uczuciach)

od 4 lat

Pewnego deszczowego poranka Nina leżała w swoim ciepłym łóżeczku i spała. Nagle do pokoju weszła jej mama i próbowała obudzić córkę. Dziewczynka czuła się zmęczona i nie chciała wstać.

ZMĘCZONA

– Wstań, maleństwo, bo spóźnimy się do przedszkola – szepnęła mama spokojnym głosem. Nina odwróciła się na drugi bok i wykrzyknęła:
– Nie chcę iść do przedszkola!
– Pójdziesz, bo ja muszę iść do pracy – powiedziała mama i położyła córce na łóżku ubrania do założenia. Nina tupnęła nogą, zrzuciła ubrania na podłogę i krzyknęła:
– Nie idę do przedszkola, przedszkole jest głupie!

WŚCIEKŁA

Bez dalszej dyskusji mama przygarnęła Ninę do siebie, ubrała ją i zaprowadziła do przedszkola.
Mama chciała dać dziewczynce buziaka na do widzenia. Jednak Nina odwróciła się do niej plecami, skrzyżowała ramiona na piersiach i nie chciała z nią rozmawiać. Pozwoliła mamie odejść bez pożegnania.

UPARTA

Przyjaciele Niny – Hania i Piotrek – zaprosili ją do wspólnej zabawy w kąciku klocków. Jednak Nina odpowiedziała:
– Zostawcie mnie!
Przyjaciele, wystraszeni jej reakcją, wrócili do zabawy. Nina siedziała sama i czuła się trochę samotna. Ogromne łzy spływały jej po policzkach. Było jej smutno, że zdenerwowała swoich przyjaciół, i pomyślała, że już nigdy nie będą się chcieli z nią bawić.

SMUTNA

Jednak Piotrek i Hania zobaczyli, że Nina płacze, i znów do niej podeszli.
– Baw się z nami, Ninko. Bez ciebie nie jest tak wesoło, a my nie wiemy, jak buduje się zamek rycerski – powiedzieli.
Wtedy Nina poszła za nimi do kącika klocków i wspólnie spędzili całe przedpołudnie. Zbudowali ogromny zamek rycerski, który sięgał im do pasa. Kolorowe chusty były morzem i łąką. Po wodzie pływały kaczki, a po łące skakały zające. Nina zrobiła jeszcze flagę, którą umieściła na najwyższej wieży.
Kiedy mama przyszła po dziewczynkę, ta opowiedziała jej, że zbudowała największy zamek królewski i nawet pani wychowawczyni była zaskoczona; że ma cudownych przyjaciół i koniecznie musi się z nimi zobaczyć jutro.
– Mamo, od jutra będę codziennie chodzić do przedszkola!
– powiedziała Nina i była bardzo szczęśliwa.

WESOŁA

Po drodze do domu mama i Nina spotkały ogromnego psa, którego prowadził straszy mężczyzna. Dziewczynka zadrżała ze strachu i schowała się za mamą.

STRACH

– Nie musisz się bać – powiedział mężczyzna. – On nie gryzie, jest grzeczny.
Nina podeszła i nawet pogłaskała psa. Bardzo się z tego ucieszyła.

WESOŁA

Tarcza uczuć

od 4 lat

karton, talerz, linijka, pianka dekoracyjna lub gruby papier kolorowy, spinacz do papieru, kredki, nożyczki

Za pomocą tej tarczy dzieci mogą przedstawiać swoje uczucia. Strzałkę przekręca się zgodnie ze stanem uczuciowym.
Zanim dziecko zajmie się jej wykonaniem, ważne, aby porozmawiać z nim na temat różnych uczuć oraz zastanowić się, na podstawie jakiego ułożenia ciała, gestów, mimiki można rozpoznać uczucia innych ludzi.

Instrukcja

1. Wycinamy z kartonu duże koło. Jako szablonu możemy użyć dużego talerza.

2. Za pomocą linijki dzielimy koło na sześć pól. Linie powinny być grube, aby każda część była dobrze widoczna.

3. Na każdym polu rysujemy twarz obrazującą inne uczucie.

4. Z ozdobnej pianki lub grubego papieru kolorowego wycinamy strzałkę.

5. Na środku tarczy robimy nożyczkami otwór i mocujemy spinaczem strzałkę.

Rozdział 2
Ruch

Dzieci potrzebują ruchu

Wiele dzieci ma niewystarczającą ilość ruchu, wynikającą z braku możliwości szczególnie samodzielnej zabawy na świeżym powietrzu. Poza tym dzieci spędzają zbyt dużo czasu przed telewizorem lub komputerem. Doświadczenia związane z ruchem są podstawą wczesnego i przedszkolnego wychowania i dlatego powinny pojawiać się codziennie w zajęciach przedszkolnych. Dzieci muszą się dużo poruszać, ponieważ ruch powiązany jest z innymi codziennymi aktywnościami. Dobra koordynacja ciała działa pozytywnie na motorykę dłoni, samodzielność i samoświadomość dziecka.

- Dzieci zdobywają świadomość własnego ciała. Doświadczają swoich granic i zdolności w odniesieniu do siły, wytrwałości, zręczności i koordynacji.
- Wchodzą w kontakt z innymi dziećmi, uczą się respektu w stosunku do innych, wspólnego rozwiązywania zadań, nabierają też odwagi.
- Poprzez ruch poznają substancje i przedmioty, określają ich cechy.
- Dzieci uczą się obsługi różnych urządzeń i wykonywania ćwiczeń.
- Wzmocnione zostają: zmysł równowagi, zdolność reagowania, orientacja przestrzenna, koordynacja, wytrwałość, zręczność i muskulatura.
- Rozwijane są zdolności motoryczne i umiejętności.

Zadania ruchowe powinny odbywać się w przedszkolu każdego tygodnia. Na salach gimnastycznych warto przygotować przeróżne pomoce, które mogą być wykorzystywane również w codziennej pracy z dziećmi. Przedszkolaki powinny poznawać ćwiczenia gimnastyczne, wypróbowywać, wykonywać je i rozwijać za pomocą własnej kreatywności.

W czasie zajęć gimnastycznych ważne jest, aby dzieci angażowały własną pomysłowość, a przy tym rozwijały samodzielność i aktywność. Dobrym sposobem na rozwój społeczny są ćwiczenia w parach, które również powinny znaleźć się w programie zajęć ruchowych.

Ćwiczenia z krzesłami

Krzesła bardzo dobrze nadają się do ćwiczeń i są w każdej sali przedszkolnej. Otwierają one wiele możliwości ruchu i mogą być kreatywnie wykorzystywane. Możemy używać krzeseł dużych i małych.

od 3 lat

Ćwiczenia różne

- Siedzimy na krześle i wykonujemy rowerek: pod górę wolno, z górki szybko.
- Siedząc na krześle, podnosimy nogi, chwilę przytrzymujemy i stawiamy na podłodze.
- Obie nogi wyciągamy do góry, jak przy świecy.
- Nożyce: podnosimy obie nogi, wyciągamy do przodu i poruszamy w przeciwstawnych kierunkach (od siebie i do siebie).
- Kładziemy się na krześle na brzuchu i wykonujemy ruchy pływackie.
- Chrząszcz: kładziemy się na krześle plecami i machamy rękami i nogami.
- Rakieta: stajemy na krześle, liczmy od dziesięciu do zera i zeskakujemy na start z krzesła.
- Biegamy po sali, trzymając krzesło.
- Pełzamy pod krzesłem: w tył i w przód, na plecach albo na brzuchu.
- Wspinamy się po krześle: do przodu i do tyłu.
- Uczymy się pojęć: „za, przed, na, pod, obok". Dzieci wykonują komendy, ustawiając się odpowiednio koło krzesła.

Tor przeszkód z krzesłami

od 3 lat

- **Jaskinia:** Stawiamy obok siebie kilka krzeseł i nakrywamy je chustami. Dzieci pełzają lub przechodzą przez „jaskinię" w przód lub w tył, na brzuchu lub na plecach.
- **Skały i góry:** Kilkanaście krzeseł stawiamy parami, oparciami do siebie. Dzieci wspinają się po krzesłach. Stopień trudności wzrasta, kiedy odsuniemy krzesła od siebie. Na krzesłach można dodatkowo położyć niewielkie elementy jako kamienie, które również trzeba ominąć.
- **Mostek i rzeka:** Stawiamy krzesła obok siebie, a na końcu szeregu kładziemy matę. Dzieci pełzają albo biegną po krzesłach („mostek") i skaczą na matę („rzeka").
- **Pokonywanie przeszkód z liną:** Krzesła ustawiamy w rzędzie. Oparcia przylegają do siebie. Na oparciach z brzegu przewieszamy linę, która swobodnie zwisa nad siedziskami. Dzieci próbują wspiąć się po krzesłach, nie poruszając liny. Przeszkody mogą być pokonywane w różny sposób: poprzez wspinanie, skakanie, pełzanie.
- **Pokonywanie przeszkód z obręczą:** Ustawiamy krzesła jak w poprzedniej zabawie. Na oparciach krzeseł wieszamy tym razem obręcze. Pozwalają one na różne warianty ruchu: pełzanie pod wszystkimi obręczami, wspinanie się ponad nimi, wślizgiwanie się do środka obręczy, przeskakiwanie ich itp.
- **Pokonywanie przeszkód balansowaniem:** Między oparciami krzeseł stawiamy długą ławeczkę, kładziemy wąską belkę albo deskę. Dzieci muszą przechodzić po niej i pokonywać wiszące nadal na oparciach obręcze.
- **Przechodzenie nad leżącymi krzesłami:** Krzesła kładziemy w niewielkiej odległości od siebie, oparciami na podłodze. Dzieci przechodzą nad nogami krzeseł albo pełzają między nimi.

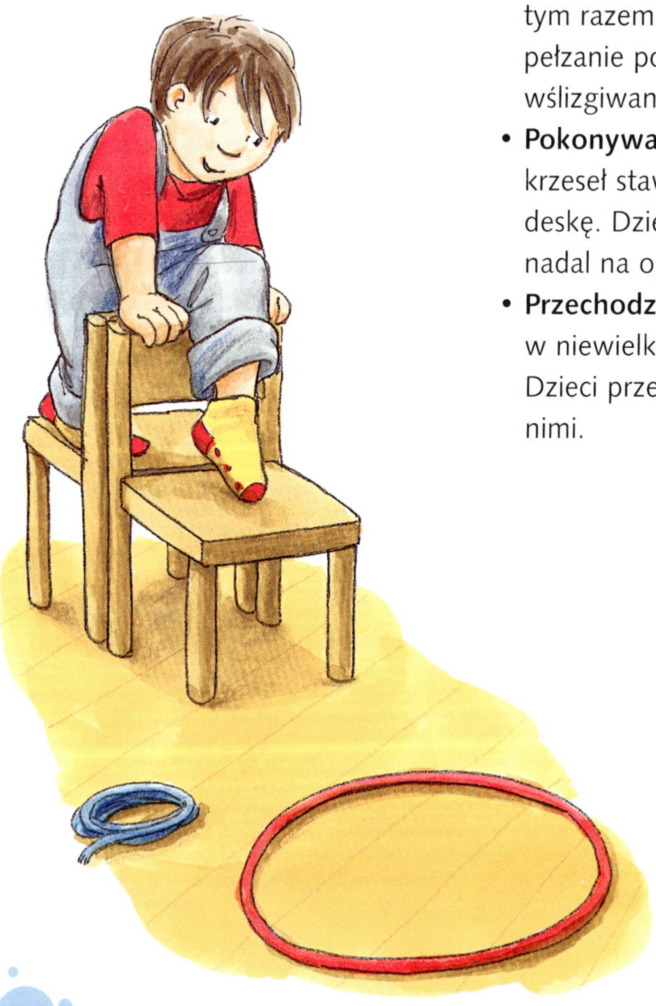

Gimnastyka z woreczkami piasku

Rzucanie i chwytanie

- Woreczki podrzucamy i łapiemy obiema rękami.
- Woreczek przerzucamy z jednej ręki do drugiej i próbujemy podrzucać go coraz wyżej.
- Podrzucamy woreczek prawą albo lewą ręką i łapiemy zawsze tą, którą podrzucamy.
- Podrzucamy woreczek, klaszczemy w dłonie i znów go łapiemy.
- Podrzucamy woreczek, obracamy się i łapiemy woreczek.
- Kładziemy woreczek na stopach, podrzucamy go i łapiemy rękoma.

Ćwiczenia w parach

- Idziemy w parach i rzucamy do siebie woreczek.
- Rzucamy do siebie woreczek, klęcząc lub siedząc.
- Siedząc, rzucamy do siebie woreczek za pomocą stóp. (Przy tym ćwiczeniu należy zwiększyć odległość między dziećmi).

Tor przeszkód z rzucaniem

Do toru przeszkód przygotowujemy różne przedmioty, takie jak opony, maty, wiaderka, skrzynki itp. Ustawiamy tor przeszkód razem z dziećmi i często zmieniamy jego układ. Ustawiamy dwie długie ławeczki w poprzek. Dzieci stają za nimi i próbują wrzucić woreczki do obręczy, na matę, do wiaderka, do skrzynki itp.

Ruch

Balansowanie z woreczkami

Dzieci poruszają się po sali i próbują przenosić woreczki za pomocą różnych części ciała: na głowie, na karku, na ramieniu, plecach, na brzuchu. Jeśli dzieci są wysportowane, mogą przenosić po kilka woreczków naraz, a przykład jeden na głowie, jeden na karku, jeden na ramieniu. Mogą chodzić na czworakach z woreczkiem na głowie i na plecach.

Balansowanie na linie

Na podłodze malujemy okrąg albo układamy go z liny (przyklejamy taśmą klejącą). Dzieci chodzą w kółko po linie, niosąc woreczki. Można włączyć muzykę relaksacyjną.

Tor przeszkód

Dzieci przenoszą woreczki na czworakach, na kolanach lub chodząc, pokonując jednocześnie przeszkody, na przykład ławeczki, belki, deski, skrzynie, obręcze, pachołki. Możemy zorganizować slalom między pachołkami lub nad przedmiotami. Ważne, aby nie zgubić niesionych woreczków.
Kto wykona zadanie, może transportować następny woreczek, albo pokonywać trasę tyłem.

Zabawy z woreczkami

Kto ma najmniej woreczków?

Dzieci tworzą dwie drużyny, które stają naprzeciw siebie. Każde dziecko otrzymuje swój woreczek. Liną, szarfą albo ławeczką dzielimy pole gry na dwie części. Dzieci muszą rzucić maksymalnie dużo woreczków na pole przeciwników. Po określonym czasie zatrzymujemy zabawę i od tego momentu nie wolno już rzucać woreczków. Każda drużyna liczy woreczki na swoim polu. Wygrywa ta, która ma ich mniej.

Gra kolorów

Kładziemy w każdym rogu sali po jednym woreczku w różnych kolorach (niebieski, czerwony, żółty, zielony). Dzieci dzielimy na cztery zespoły. Każda grupa staje w kącie oznaczonym jednym z kolorów. Na dany znak grupy muszą zamieniać się miejscami. Gdy krzykniemy „niebieski i czerwony!", wszystkie dzieci stojące przy niebieskim i czerwonym woreczku muszą zmienić swój kącik. Na hasło „zielony i żółty!" ruszają przedszkolaki stojące w kątach oznaczonych tymi kolorami.

Fantastyczna zabawa z obręczami

Każde dziecko otrzymuje obręcz jako „statek kosmiczny". Lecimy na różne planety. W czasie startu uderzamy obręczami o podłogę i wołamy: „Odliczanie: 10, 9, 8, 7, 6, 5, 4, 3, 2, 1, 0". W czasie odliczania podnosimy obręcz coraz wyżej, aż do bioder i lecimy na planetę fantazji. Dzieci biegają z obręczami po całej sali. Możemy przy tym słuchać odpowiedniej muzyki lub śpiewać piosenkę.

Planeta kosmitów

Lądujemy na pierwszej planecie i opuszczamy nasze statki kosmiczne. Nie ma tu ludzi, są tylko kosmici mówiący obcym językiem. Biegamy w podskokach i skaczemy, pozdrawiamy się wzajemnie w wymyślonym języku i wydajemy z siebie przeróżne dziwne dźwięki.
Po chwili znów wsiadamy do naszych statków kosmicznych i lecimy na kolejną planetę.

Planeta pająków

Na tej planecie żyje mnóstwo pająków.

Planeta robotów

Dzieci dobierają się w pary. Jedno dziecko jest robotem, drugie steruje jego ruchami.

Planeta zwolnionego tempa

Tutaj poruszamy się w zwolnionym tempie.

Gorąca planeta ognia

Po tej planecie biegamy na paluszkach, ponieważ musimy uważać, żeby nie spłonęły nam stopy!

Planeta zimna

Tu panuje przejmujący ziąb. Drżymy z zimna i udajemy, że marzniemy. Aby było nam cieplej, szukamy kolegi, przy którym możemy się ogrzać.

Gimnastyka z balonami

Dzieci bardzo lubią balony, a ich lekkość i żywe kolory zachęcają maluchy do poruszania się za nimi.

Ćwiczenia z balonami

- Podrzucamy balon wysoko do góry i uderzamy w niego rękami, aby nie spadł na ziemię.
- Podrzucamy balon do góry i chwytamy go. Balon przerzucamy z jednej ręki do drugiej.
- Kopiemy balon nogami.
- Kładziemy się na brzuchu i głową przesuwamy balon do przodu.
- Poruszamy rękoma leżące na ziemi balony, udając pająki lub kraby.
- Kładziemy się na plecach i przekładamy balon z rąk do nóg i z powrotem.
- Leżąc na plecach, podrzucamy balony do góry rękami lub nogami i podobnie je łapiemy.
- Trzymamy balon na wysokości nosa i szybko poruszamy się do przodu. Musimy uważać, aby balon pozostał przy nosie i nie spadał na ziemię.
- Pozwalamy balonowi wędrować po ciele. Dzieci czują lekkość i strukturę balonu.
- Prowadzimy balon wokół nóg w koło lub w ósemkę.

Ćwiczenia w parach z balonami

Dzieci dobierają się w pary. Każda para otrzymuje balonik i szuka sposobów przekazywania go sobie.

- Rzucamy do siebie balon.
- Podajemy sobie balon za pomocą kopnięć.
- Balon może być również podbijany głową, ramionami, pięściami.

Każda para otrzymuje chustę i sprawdza, w jaki sposób balon może się po niej poruszać.

- Dzieci pozwalają toczyć się balonowi po chuście w każdym kierunku. Muszą jednak uważać, żeby balon nie spadł na podłogę.
- Poruszamy chustą w górę i w dół, co powoduje jej falowanie, a balon zaczyna tańczyć.
- Podrzucamy balon wysoko do góry za pomocą chusty, a potem próbujemy go w nią złapać.

Każda para podchodzi ze swoją chustą do innej pary i próbuje przerzucić balon z jednej chusty na drugą.

Dwoje dzieci próbuje przenieść balon, nie pozwalając mu upaść na ziemię.

- Balon umieszczamy między brzuszkami i próbujemy chodzić w różnych kierunkach.
- Stajemy do siebie plecami, a balon zakleszczamy między łopatkami, tyłem głów lub pośladkami dzieci.
- Balon zakleszczamy, stojąc bokiem do siebie, między łokciami, głowami, biodrami.
- Siadamy do siebie plecami, układamy między nie balon i próbujemy się poruszać.
- Poruszamy się na czworakach, a balon tkwi między czołami.
- Dzieci siadają przodem do siebie i poruszają się, trzymając balon między swoimi stopami.

Tworzymy trójki. Jedno z dzieci przytrzymuje stojącą obręcz, a dwójka, trzymając balon, próbuje przez nią przejść.

Ćwiczenia z piłkami

W każdym przedszkolu powinny być piłki. Dają one dzieciom wiele możliwości zabaw i nauki. Radość w czasie zabawy z piłkami przyczynia się do rozwijania zdolności reagowania, koordynacji oko – ręka, zręczności, celności, rzucania i chwytania.

Ćwiczenia na spostrzegawczość

- Obracamy piłkę dłońmi i poznajemy jej kształt.
- Zdejmujemy buty i poruszamy piłkę stopami.
- Chwytamy piłkę w ręce i toczymy ją po całym ciele, po brzuchu, nogach, po ramionach.

Ćwiczenia na zręczność

- Toczymy piłkę wokół złączonych stóp lub w rozkroku, wokół prawej i lewej stopy albo w ósemkę.
- W siadzie skrzyżnym toczymy piłkę wokół ciała.
- Leżąc na plecach, toczymy piłkę pod podniesionymi pośladkami i nad głową.
- Siadamy na podłodze z wyprostowanymi nogami i kładziemy piłkę na stopach. Podnosimy nogi i pozwalamy stoczyć się piłce w dół do brzucha. Kiedy opuścimy nogi i znów podniesiemy, piłka będzie się toczyć w tę i z powrotem.
- Siedząc, chwytamy piłkę stopami i robimy świecę, starając się nie upuścić piłki.

Toczenie

- Wprawiamy piłkę w ruch różnymi częściami ciała, na przykład dłońmi, głową, pośladkami, plecami, chodząc, pełzając, na czworakach.
- Dobieramy się w pary, siedzimy naprzeciw siebie w siadzie rozkrocznym i turlamy do siebie piłkę. Im większa odległość między nami, tym trudniejsze zadanie do wykonania.

Rzucanie i chwytanie

- Próbujemy wysoko podrzucać piłkę i ją łapać.
- Przerzucamy piłkę z jednej ręki do drugiej.
- Kozłujemy piłkę i chwytamy.
- Po podrzuceniu piłki klaszczemy w dłonie, obracamy się wkoło lub podskakujemy, a potem znów łapiemy piłkę.
- Rzucamy piłkę o ścianę i łapiemy ją w obie ręce.
- Dobieramy się w pary i rzucamy do siebie piłkę stojąc, siedząc lub klęcząc.

Kopanie

Dzieci kopią piłkę. Dokładność kopnięcia możemy ustalić, ustawiając na przykład bramkę z pachołków.

Ćwiczenia w kozłowaniu

- Próbujemy kozłować piłkę najpierw prawą, a potem lewą ręką, potem na zmianę raz jedną raz drugą.
- Każde dziecko otrzymuje obręcz i próbuje, kozłując, wykonać różne ćwiczenia, na przykład: stać w obręczy, kręcić się wokół własnej osi i kozłować piłkę na zewnątrz obręczy, chodzić dookoła obręczy i kozłować piłkę naprzemiennie, w środku i na zewnątrz.

Tor przeszkód z kozłowaniem

Budujemy z dziećmi tor przeszkód. Używamy do tego dwóch ławeczek, obręczy, pachołków. Dzieci próbują kozłować, idąc slalomem obok pachołków, wewnątrz obręczy, wykonując różne ewolucje na ławeczkach.

- Kozłujemy piłkę o ławeczkę, idąc obok niej przodem, bokiem, do tyłu.
- Idziemy obok ławeczki i kozłujemy piłkę na przemian, o ławeczkę, obok niej.
- Idziemy po ławeczce, a piłkę kozłujemy o ziemię. Zwiększamy tym samym wysokość kozłowania.
- Idąc po ławeczce kozłujemy piłkę raz lewą, raz prawą ręką, albo naprzemiennie o ławeczkę i o podłogę.

Tor przeszkód z toczeniem

Toczymy piłkę slalomem wokół pachołków, wokół obręczy, po ławeczce. Do wyznaczenia slalomu można również użyć krzeseł. Wtedy dzieci próbują toczyć piłkę pod nimi albo po siedziskach krzeseł ustawionych rzędem.

Gimnastyka z pluszakami i poduszkami

Ćwiczenia różne

- Stoimy w rozkroku i przekładamy swoje maskotki wokół nóg lub w ósemkę między nogami.
- Siadamy w siadzie rozkrocznym na podłodze. Maskotkę kładziemy na stopie, podnosimy ją wysoko do góry i kładziemy maskotkę na drugiej stopie.
- Siedzimy na podłodze z wyprostowanymi nogami i trzymamy maskotkę stopami. Stopy podnosimy i opuszczamy na podłogę.
- Turlamy zabawkę po całym ciele.
- Maskotki sadzamy na ziemi na wysokości łydek. Podnosimy obie nogi, przenosimy je nad maskotką. Ruch powtarzamy w drugą stronę. Podczas wykonywania tego ćwiczenia nie wolno podpierać się rękami.
- Podrzucamy maskotkę wysoko do góry i łapiemy.
- Rzucamy maskotki do siebie nawzajem.
- Kołyszemy na chuście jedną lub kilka maskotek.
- Przenosimy maskotki na różnych częściach ciała: na głowie, karku, ramionach, brzuchu, chodząc, pełzając.

Każde dziecko potrzebuje maskotki albo poduszki, dlatego powinno przynieść je wcześniej z domu.

Tor przeszkód

Wskazówka: Ważne, aby wszystkie pomoce były dobrze zabezpieczone.

Ustawiamy razem z dziećmi tor przeszkód, który należy pokonać z przytulankami. Krzesła mogą być skałami, ławeczki zjeżdżalniami (opartymi o drabinki). W czasie wspinania lub zjeżdżania dzieci muszą mocno trzymać swoje maskotki. Można również stworzyć huśtawkę z ławeczki albo długiej deski, stawiając ją na belce albo pokrywce od skrzyni.

Masażowe historie

Fizyczny kontakt jest dla dzieci bardzo ważny. Bliskość fizyczna daje poczucie ciepła, bezpieczeństwa i przychylności. Dzieci bardzo lubią masaże, które je uspokajają. Wzmacniają poczucie własnego ciała i empatię dla innych. Szczególnie po zajęciach gimnastycznych dzieci lubią się zrelaksować.

Jak mała mysz zgubiła kluczyk

Była sobie raz mała myszka,
która biegała wkoło bardzo zdenerwowana.
Miotała się tam i z powrotem,
na prawo i na lewo,
do góry i w dół.

Uderzamy rękami
po plecach kolegi.
Uderzamy w prawo i w lewo.
Uderzamy z góry w dół.

Po chwili pojawił się zając.
Kicał wąską drogą ku górze,
przez niewielki pagórek do doliny, do myszki.

Kicamy rękami
po udach.
Kicamy rękami od lędźwi
do ramion.

– Cześć, myszko, dlaczego jesteś taka zdenerwowana? – zapytał zając.
– Zgubiłam mój kluczyk i nie wejdę już
do mojego domku – odpowiedziała myszka.

Zając rozpoczął poszukiwania klucza.
Kicał tu i tam,
w prawo i w lewo,
do góry i w dół.

Leciutko kicamy rękami
po plecach.
Na prawo i na lewo.
Pozwalamy rękom kicać
z góry do dołu.

Ale nigdzie nie mógł znaleźć klucza.

Nie minęło wiele czasu, kiedy pojawiła się również wielka, ciężka krowa. Szła wąską drogą, wielkimi krokami,
przez niewielki pagórek do doliny, do myszki.

Masujemy dłońmi
nogi,
jednocześnie lekko je uciskając.
Wędrujemy dłońmi
od lędźwi do ramion.

Wędrujemy dłońmi
po plecach, tu i tam,
jednocześnie
lekko je uciskając.

Delikatnie klapiemy dłońmi
po nogach.
Potem klapiemy dłońmi
od lędźwi do ramion.

Delikatnie klapiemy dłońmi
po plecach.
Z prawej strony na lewą,
z góry do dołu.

Delikatnie łaskoczemy
palcami
całe plecy.

Lekko ugniatamy ramiona.

– Cześć, myszko, dlaczego jesteś taka zdenerwowana? – zapytała krowa.
– Zgubiłam mój kluczyk i nie wejdę już do mojego domku – odpowiedziała myszka.

Krowa zaczęła szukać klucza.
Biegała tu i tam,
w prawo i w lewo,
w dół i w górę.

Ale nigdzie nie mogła znaleźć klucza.

Kaczka wybrała się w drogę w poszukiwaniu myszy.
Kiwając się, szła wąską drogą, robiąc malutkie kroczki,
przez niewielki pagórek do doliny, do myszki.

– Dzień dobry, myszko, dlaczego jesteś taka zdenerwowana? – zapytała kaczka.
– Zgubiłam mój kluczyk i nie wejdę już do mojego domku – odpowiedziała myszka.

Kaczka zaczęła szukać klucza.
Chodziła, kiwając się, tu i tam,
w prawo i w lewo,
w dół i w górę.

Ale nigdzie nie mogła znaleźć klucza.

Po długich poszukiwaniach myszka była bardzo smutna.
– Nigdy nie znajdę mojego klucza – płakała.
Ogromne łzy spływały jej po policzkach.

Nagle spod ziemi wyczołgał się kret.
Słyszał wszystko.
– Znajdę twój klucz – powiedział do myszy.

Zagrzebał się w ziemi tu i tam,
w prawo i w lewo,
w dół i w górę.

Ale nigdzie nie mógł znaleźć klucza.

Nagle kret wpadł na pewien pomysł. Poszedł trochę dalej niż inne zwierzęta i zauważył niewielki dołek. Wślizgnął się do niego ostrożnie i zobaczył, że na jego dnie leży klucz. Wyciągnął go z dołka i przyniósł myszce.

Myszka cieszyła się
i skakała ze szczęścia tu i tam,
w prawo i w lewo,
w dół i w górę.
Zrobiło się jej ciepło na sercu.

Mysz podziękowała wszystkim zwierzątkom.

Wreszcie odzyskała swój klucz.
Otworzyła drzwi i weszła do domu.
Tam położyła się skulona w łóżku
I zasnęła.

Delikatnie ugniatamy ramiona,
z jednej strony na drugą
i z góry na dół.

Biegniemy dłonią od ramienia
do ucha. Ucho jest
dołkiem, w którym znajduje się
klucz.
Delikatnie wkładamy palec
do ucha i wracamy
całą dłonią na ramię.

Klapiemy rękami tu i tam.
Z jednej strony na drugą.
Z dołu do góry.
Dłonie kładziemy na ramionach,
czujemy ciepło
drugiej osoby.

Palcem wykonujemy
na ramionach delikatny
ruch obrotowy. Kładziemy głowę
delikatnie
na ramię i oddychamy
głęboko.

Ćwiczenia w świecie bajek

lina, maty, obręcze, małe skrzynki, piłki tenisowe, podbierak, lina z klamerkami do bielizny i siedem czapek, drabinki gimnastyczne i sznurek, krzesełka, skrzynki, długa deska, ławeczka gimnastyczna, pióra i poszewka na poduszkę, płytki dywanowe, kilka koszyków i jedna butelka, materac gimnastyczny, kapelusz i buty, krótkie sznurki

Przynosimy do w sali zaczarowaną linę. Teraz opowiadamy dzieciom, co mogą z nią zrobić:

To jest szczególna lina, to czarodziejska lina. Razem z nią można odwiedzić świat bajek. Kto chce się tam udać, musi mocno chwycić się liny. W krainie bajek trzeba zachowywać się bardzo spokojnie, ponieważ jesteśmy gośćmi i moglibyśmy przeszkadzać mieszkańcom.

Wszystkie dzieci chwytają mocno za linę i udają się do przygotowanej wcześniej sali gimnastycznej, która staje się krainą bajek. Idziemy wspólnie od jednej stacji do drugiej i wypełniamy zadania. Dzieci snują przypuszczenia, jaką bajkę przedstawiają poszczególne stacje.

Żabi król

Przygotowanie: Matę zwijamy w rurę, mocujemy ją za pomocą obręczy i stawiamy. Niską skrzynię ustawiamy jako stopień przy studni. Do studni wrzucamy kilka żółtych piłek tenisowych (będą to nasze złote kule).

Księżniczka zgubiła swoje złote kule w studni i na nic więcej nie czekała z takim utęsknieniem, jak na ich wydostanie. Może pomoże jej książę?

Dzieci próbują wyciągnąć ze studni kule księżniczki. Po kolei stają na skrzyni i starają się je wyłowić za pomocą podbieraka.

Królewna Śnieżka i siedmiu krasnoludków

Przygotowanie: Na linie wieszamy siedem czapek. Na podłodze kładziemy maty gimnastyczne.

Siedmiu krasnoludków poszło spać i powiesiło swoje czapeczki na sznurze. Dziś my możemy stać się krasnoludkami i możemy skakać jak one.

Siedmioro dzieci, jako krasnoludki, zakłada czapki. Pozostałe dzieci stają z boku. Krasnoludki skaczą po kolei, na przykład na jednej nodze. Po kilku kolejkach zamieniamy role.
Razem z dziećmi można wymyślać wiele innych czynności dla krasnoludków: wyścig taczek, robienie fikołków na matach...
Po zabawie dzieci znów wieszają czapki na sznurku.

Złotowłosa

Przygotowanie: Na drabinkach gimnastycznych wieszamy dwie lub trzy liny i mocno je przywiązujemy. Ważne, aby dobrze się trzymały. Drabinki zabezpieczamy materacami.

Złotowłosa miała najdłuższe i najpiękniejsze włosy na świecie. Musiała mieszkać w wysokiej wieży, do której nikt nie mógł wejść. Kiedy jej ukochany książę chciał ją odwiedzić, spuszczała przez okno swój długi warkocz, a młodzieniec wspinał się po nim.

Dzieci próbują po kolei wspinać się po zawieszonych wcześniej linach i zsuwać się po nich.

Pani Zamieć

Przygotowanie: Tworzymy mały tor przeszkód. Przechodzimy przez skrzynki i krzesła. Z długiej deski budujemy huśtawkę, kładąc ją na najwyższej części skrzyni gimnastycznej. Wszystkie urządzenia zabezpieczamy matami. Przed torem przeszkód kładziemy pióra, a na jego końcu poszewkę na poduszkę.

W krainie bajek Pani Zamieć trzepie co roku swoje poduszki, aby w dolinach zaczął padać śnieg. Mieszkańcy świata bajek ogromnie się z tego cieszą i są wdzięczni Pani Zamieci. Jednak Pani Zamieć straciła wiele piór, które my musimy jej przynieść.

Wskazówka: Należy zwrócić uwagę, aby po huśtawce przechodziło zawsze tylko jedno dziecko. Unikniemy w ten sposób wypadków.

Dzieci biorą ostrożnie pióra i biegną po kolei przez krzesła, przez huśtawkę i przez skrzynię, a na końcu wkładają pióra do poszewki. Robimy kilka kolejek biegu, aby wszystkie pióra znalazły się w poszewce.

Czerwony Kapturek

Przygotowanie: Układamy drogę z płytek dywanowych, przygotowujemy kilka koszyczków. Do koszyczka wkładamy butelkę i ewentualnie kilka kawałków ciasta.

Pewnego dnia, kiedy zachorowała babcia Czerwonego Kapturka, mama wysłała do niej córkę z koszyczkiem do którego włożyła wino i ciasto. Mama powiedziała wyraźnie Czerwonemu Kapturkowi, żeby nie zbaczała z drogi. Jednak dziewczynka nie posłuchała jej i poszła na łąkę, aby zrywać kwiaty. I wtedy spotkała wilka. Abyście wy nie natknęli się na wilka, nie możecie zboczyć z drogi.

Dzieci biegną z jednej płytki na kolejną, bez stawania na podłogę i niosą jednocześnie koszyczek. Kiedy tylko zakończą swoją rundę, przekazują koszyczek kolejnemu dziecku.

Księżniczka na ziarnku grochu

Przygotowanie: Materac staje się łóżkiem księżniczki. Pod materac kładziemy kilka piłek tenisowych.

To jest łóżko księżniczki. Aby sprawdzić, czy rzeczywiście jest ona prawdziwą księżniczką, położono na jej łóżku ziarenko grochu. Tylko prawdziwa księżniczka poczuje groch pod wieloma materacami i nie będzie mogła na nim spać. Dziś możecie sprawić, czy łóżko księżniczki będzie dla was wygodne.

Dwoje albo troje dzieci kładzie się na materacu. Inne dzieci stają dookoła. Dzięki piłkom tenisowym można leciutko poruszać materacem. Potem zamieniamy się rolami tak, aby każde dziecko mogło odegrać rolę księżniczki lub księcia.

Kot w butach

Przygotowanie: Wydzielamy powierzchnię do łapania. Kładziemy w niej buty i kapelusz. Kilka krótkich sznurków imituje mysie ogonki.

Och, do kogo należą te buty i kapelusz? Do kota w butach – to był bardzo cwany kot. Przyniósł swojemu panu Michałowi bardzo wiele szczęścia. Pomógł mu w zdobyciu bogactwa i ręki królewskiej córki. Aby pokonać wielkiego czarnoksiężnika, kazał mu zamienić się w mysz, którą potem złapał za ogon i zjadł. W świecie baśni i wy możecie zabawić się w kota w butach.

Dzieci tworzą pary. Jedno dziecko jest myszką, a drugie kotem w butach. Mysz otrzymuje jako ogonek kawałek sznurka, który wkłada z tyłu za gumkę od spodni. Poprzez zwroty i obroty musi uniknąć zabrania go. Kiedy tylko kot zdobędzie ogonek, czarnoksiężnik jest pokonany.

Wskazówka: Kiedy dzieci wrócą z pomocą czarodziejskiej liny do sali, powinny opowiedzieć, co im się podobało, gdzie było najpiękniej itd.

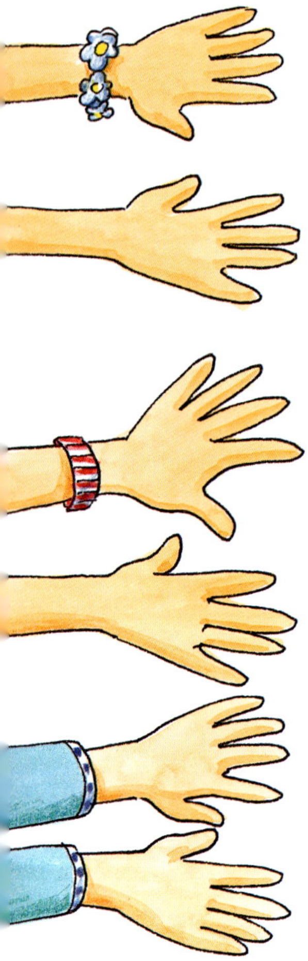

Gimnastyka w cyfrowym kraju

Przedszkolaki bardzo lubią zabawy z cyframi. Poprzez ćwiczenia mogą poczuć na własnym ciele, co oznacza cyfra, jaką ilość zawiera w sobie. Uczą się reagować na cyfry i przyporządkowywać wielkości.

Wstęp do zajęć gimnastycznych

Liczenie

Dzieci liczą, ile osób jest obecnych, zastanawiają się, kogo brakuje. Liczą, ile dzieci byłoby, gdyby wszyscy byli obecni. Liczą też, ile jest dziewczynek, a ilu chłopców. Ustalamy, która płeć jest liczniejsza.
Można też policzyć, ile jest w sali oczu, nosów, uszu, stóp, dłoni i tak dalej.

Liczymy do dziesięciu, chodząc – każda cyfra to krok. Warianty: Na dziesięć – podskakujemy, podskakujemy na jednej nodze, do tyłu, na bok.

Ćwiczenia z kostką do gry

Wyjaśnienie liczby punktów

Każde dziecko wymyśla sobie jedno ćwiczenie gimnastyczne, na przykład: pajacyk, skakanie na jednej nodze, żabie skoki, zrobienie fikołka na macie i po kolei rzuca dużą kostką do gry. Dzieci robią dane ćwiczenie tyle razy, ile wskaże kostka. Jeśli na przykład wypadną cztery oczka, wszyscy robią cztery pajacyki albo cztery pompki.

Tworzenie grup według liczby punktów

Rzucamy dużą kostką do gry. Według ilości wyrzuconych punktów dzieci tworzą grupy. Jeśli wypadną trzy oczka, dzieci tworzą trójki i tak dalej. W tym ćwiczeniu często zdarza się, że liczba dzieci nie jest podzielna przez ilość oczek i ktoś zostanie bez grupy. Wtedy te dzieci zastanawiają się, ilu osób brakuje im do stworzenia odpowiedniej grupy.

Dzieci w małych grupach zastanawiają się, w co mogą się razem bawić, na przykład zrobić kółko albo węża i biegać po sali. Dzieci, które zostały, mogą stworzyć własną grupę albo dołączyć się do zabawy wymyślonej przez inne zespoły. Potem rzucamy dalej.

Dodawanie z dziećmi

Jedno lub dwoje dzieci zostaje królem liczenia, który przy pomocy innych dzieci liczy. Dzieci rzucają kostką. Teraz z boku musi stanąć tyle dzieci, ile wskazuje kostka. Potem rzucamy jeszcze raz. I znów z boku, naprzeciwko pierwszej, ustawia się druga grupa, składająca się z ilości dzieci odpowiadającej liczbie oczek. Teraz można od razu zaobserwować, która cyfra jest większa. Król liczenia musi policzyć wszystkie dzieci. Gdy padnie suma, dzieci podskakują wysoko do góry. Dzieci mogą liczyć głośno razem z królem.

Wybieramy kolejnego króla liczenia i zaczynamy zabawę od początku.

Zabawy ruchowe z cyframi

Zabawa na reagowanie

Cyfry jeden, dwa, trzy, cztery wieszamy w czterech rogach lub na czterech ścianach sali. Wychowawczyni gra na tamburynie, a dzieci biegają w odpowiednim tempie po całej sali. Można na przemian grać w wolnym i w szybkim tempie. Kiedy tylko wychowawczyni przestaje grać, mówi jakąś cyfrę, a wszystkie dzieci muszą ustawić się pod wywołaną cyferką. Zabawa może trwać dowolnie długo. Można również użyć innych cyfr albo powiesić na ścianach większą ich ilość.

Wskazówka: Zabawy i ćwiczenia można również stosować pojedynczo na zajęciach gimnastycznych. W czasie zabaw ruchowych zamiast cyfr mogą pojawić się kolory lub kształty.

Cyfrowa sałatka

Kładziemy w kręgu obok siebie kilka obręczy. Musi ich być o jedną mniej niż uczestników zabawy. Zamiast obręczy można również wykorzystać krzesła. Dzieci dzielimy na dwie, maksymalnie na cztery grupy. Każdej grupie przyporządkowujemy cyfrę. Jako znak rozpoznawczy możemy członkowi każdej grupy napisać na ręce określoną cyfrę. Wszystkie dzieci stają pojedynczo wewnątrz przygotowanych obręczy, a jedno dziecko staje w środku kręgu i wywołuje jedną cyfrę, na przykład: „cztery". Wszystkie dzieci, które są w grupie cyfry cztery, muszą zamienić się obręczami. Dziecko ze środka próbuje zdobyć w tym czasie obręcz dla siebie, wskakując w nią. Kiedy ktoś krzyknie „cyfrowa sałatka", wszyscy szukają dla siebie nowych obręczy. Dziecko, które nie zdąży zająć obręczy, staje w środku i wywołuje cyfry.

Wymiana cyfr

Wieszamy w czterech rogach sali cztery cyfry. Dzieci dzielmy na cztery grupy. Każda grupa staje w kącie przy jednej cyfrze. Grupy muszą na komendę zmieniać swoje miejsca. Jeśli wywołane zostaje „jeden" i „trzy", grupy o numerach jeden i trzy muszą zamienić się miejscami. Przy „jeden" i „dwa" albo „dwa" i „cztery" miejsca zmieniają grupy o tych numerach. Oczywiście po każdej zmianie miejsc grupa otrzymuje inny numer – odpowiedni do zajmowanego rogu sali. Powstaje przez to ciągła zmiana miejsc i numerów.

Gra w przyporządkowanie

Stawiamy obok siebie sześć wiader albo innych naczyń. Na każdym z nich piszemy cyfry od jeden do sześciu. W pomieszczeniu umieszczamy karty, około stu sztuk, z cyframi od jeden do sześciu, albo z odpowiednią ilością oczek.

Dzieci muszą tak szybko, jak to tylko możliwe, uporządkować karty do odpowiednich wiaderek. Mierzymy czas, w którym dzieci posortowały wszystkie karty, a potem sprawdzamy, czy w wiaderkach nie ma pomyłek.

Wskazówka: Kartki z cyframi można zrobić bardzo szybko. Wystarczy pociąć gruby karton i opisać kartoniki. Karty powinny być możliwie wytrzymałe i stabilne.

Cyfrowy bieg

Rozkładamy obręcze albo płytki dywanowe w duże koło, możliwie najszerzej. Na brzegu każdej z nich kładziemy kartki z cyframi. Dzieci biegają z pola na pole. Jeśli uda im się stanąć na polu z cyfrą jeden, podskakują jeden raz do góry i biegną dalej na następne pole. Zawsze kiedy staną na polu z jedynką podskakują jeden raz.

Wskazówka: W zabawie tej można wprowadzić inne reguły: przy polu „trzy" podskakujemy trzy razy, przy polu „sześć" sześć razy i tak dalej. Zamiast skakania można również robić przysiady, tupać albo obracać się dookoła własnej osi.

Gimnastyka z przeżyciami: Piracki sprawdzian

od 3 lat

list w butelce, mapa skarbów w siedmiu puzzlowych częściach, mapa, symbole wysp (rekin, perła, góra lodowa, potwór morski), płetwy rekina z kartonu, miękkie piłeczki, odtwarzacz, piracka muzyka, dwie poszwy na kołdrę, perły, grzechotki, kilka białych i czarnych chusteczek, potwór morski (zielony balon z głową i ogonem z kartonu), miecz, skrzynia ze skarbem, zamek i klucz do skrzyni ze skarbem

Przyrządy gimnastyczne: gruba lina jako statek, maty gimnastyczne, płytki dywanowe, małe skrzynie, elementy gąbkowe/karton albo krzesła, materace, rury gimnastyczne albo skrzynie do pełzania, deskorolka, sznurek.

Do sprawdzianu pirackiego potrzebujemy rozbudowanych przygotowań. Krajobraz piracki musimy stworzyć na sali gimnastycznej albo w innym odpowiednim do tej zabawy pomieszczeniu, a do tego musimy zbudować kilka urządzeń.

List w butelce

Przed wielu laty żył piracki wódz, Ząb Rekina, najpotężniejszy pirat wszystkich mórz na świecie.

Dnie i noce pływał ze swoimi towarzyszami ogromnym statkiem pirackim. Nie bał się niczego, był najodważniejszy i najwaleczniejszy ze wszystkich piratów. Przez wiele lat szukał ze swoją załogą złota i srebra. Przed śmiercią schował całe bogactwo w tajemniczym miejscu. Tylko piraci, którzy podołają niebezpiecznemu i trudnemu sprawdzianowi pirackiemu, którzy udowodnią swoją odwagę i waleczność, mogą znaleźć skarb. Czy chcecie zostać piratami? Chcecie odnaleźć skarb? Jesteście odważni i waleczni? Uważajcie zatem!

Musicie wykonać różne pirackie zadania. Po każdym wypełnionym zadaniu otrzymacie jedną część mapy skarbów. Kiedy zdobędziecie siedem części i złożycie je, mapa pokaże wam, gdzie ukryty jest skarb. Wskaże też na jakiej wyspie otrzymacie kolejne zadania. Odwagi!

Dużo szczęścia – teraz zaczyna się wasza przygoda!

Mapa

Na mapie rysujemy wyspy, na których musimy wypełnić określone zadania.

Przebieg pirackiego sprawdzianu
Przygotowanie: List w butelce i mapę kładziemy na odpowiednim miejscu. Jako statek piracki posłuży gruba lina z węzłami na obu końcach.

Teraz zaczyna się nasza wielka przygoda. Dzieci znajdują list i mapę ze wskazówkami, jak wykonywać kolejne zadania, aby stać się prawdziwym piratem i odnaleźć skarb. Po wykonaniu każdego zadania dzieci dostają następny fragment mapy.
A teraz sprawdzamy na mapie, na jaką wyspę w pierwszej kolejności musimy się udać naszym pirackim statkiem.
Płyniemy na Wyspę Rekinów, aby wykonać pierwsze zadanie.
W czasie rejsu możemy wspólnie śpiewać piosenki marynarskie i pirackie.

Piracki sprawdzian na Wyspie Rekinów

Przygotowanie: Powierzchnie wyspy ograniczmy matami gimnastycznymi albo taśmą klejącą. Obrazek z rekinem służy jako element rozpoznawczy.

Wyjaśniamy dzieciom pierwsze zadanie:

1. Uwaga, rekin!
Czasami piraci muszą pokonać ostatni kawałek drogi wpław, kiedy nie mogą podpłynąć statkiem do kamienistego wybrzeża. Jest to jednak niebezpieczne, ponieważ w morzu żyje wiele rekinów. Dlatego piraci muszą być bardzo uważni i szybcy. Kiedy pirat zobaczy rekina, może się szybko uratować, wspinając się na skałę. Wtedy nic mu się nie stanie.

Przygotowanie: Jako skały posłużą nam płytki dywanowe.

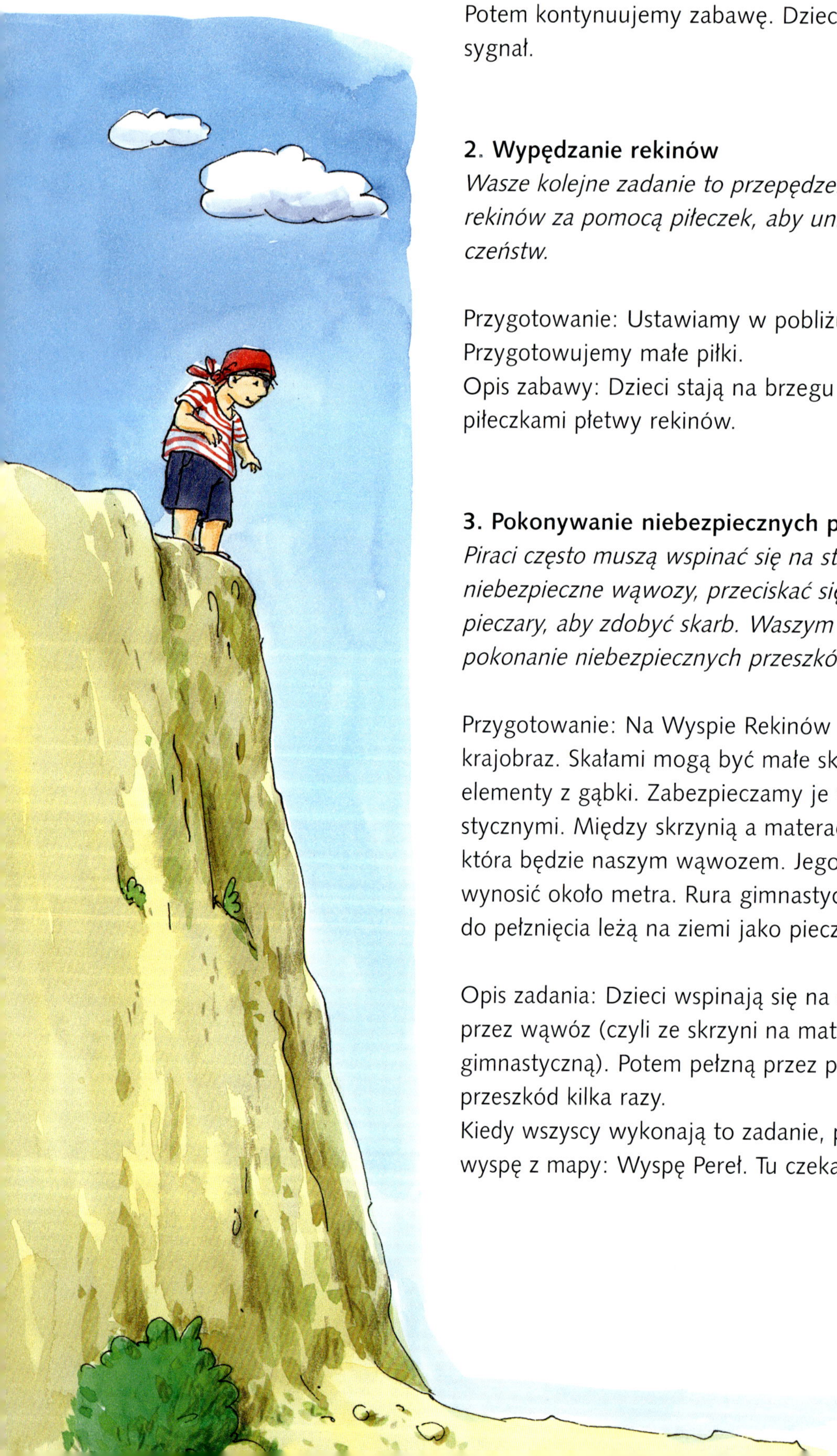

Opis zabawy: Dzieci pływają w morzu, słuchając muzyki. Kiedy tylko odtwarzacz zamilknie, a wychowawczyni krzyknie „Uwaga, rekiny!", wszystkie maluchy wskakują na skały. Potem kontynuujemy zabawę. Dzieci znów pływają i czekają na sygnał.

2. Wypędzanie rekinów

Wasze kolejne zadanie to przepędzenie pływających w morzu rekinów za pomocą piłeczek, aby uniknąć dalszych niebezpieczeństw.

Przygotowanie: Ustawiamy w pobliżu wyspy kilka płetw rekinów. Przygotowujemy małe piłki.
Opis zabawy: Dzieci stają na brzegu wyspy i przewracają piłeczkami płetwy rekinów.

3. Pokonywanie niebezpiecznych przeszkód

Piraci często muszą wspinać się na strome skały i pokonywać niebezpieczne wąwozy, przeciskać się przez ciemne i groźne pieczary, aby zdobyć skarb. Waszym zadaniem jest teraz pokonanie niebezpiecznych przeszkód. Uważajcie!

Przygotowanie: Na Wyspie Rekinów przygotowujemy skalny krajobraz. Skałami mogą być małe skrzynki, krzesełka albo elementy z gąbki. Zabezpieczamy je wszystkie matami gimnastycznymi. Między skrzynią a materacem kładziemy matę, która będzie naszym wąwozem. Jego szerokość powinna wynosić około metra. Rura gimnastyczna albo skrzynie do pełznięcia leżą na ziemi jako pieczara.

Opis zadania: Dzieci wspinają się na skały. Przeskakują przez wąwóz (czyli ze skrzyni na materac ponad matą gimnastyczną). Potem pełzną przez pieczarę. Pokonują ten tor przeszkód kilka razy.
Kiedy wszyscy wykonają to zadanie, płyniemy statkiem na kolejną wyspę z mapy: Wyspę Pereł. Tu czekają na nas kolejne zadania.

Zadanie na Wyspie Pereł

Przygotowanie: Wyspę Pereł ograniczamy matami gimnastycznymi albo taśmą klejącą i oznaczamy symbolem rysunkowym. Na wyspie kładziemy dwie poszwy na kołdrę wypełnione perłami.

4. Nurkowanie po perły

Na morskim dnie Wyspy Pereł znajdują się kosztowne i bardzo wartościowe perły. Piraci udają się często na ich poszukiwania. Nurkują na dno morza, aby je znaleźć. Tymi klejnotami przyozdabiają swoje ubrania lub zamieniają w obcych krajach na inne kosztowne rzeczy. Jeśli każdy z was znajdzie perłę, możecie je wspólnie wymienić na kolejną część mapy skarbów.

Dwóch piratów po kolei nurkuje w poszwach i wyciąga po jednej perle. Zbieramy je do jednego naczynia i wymieniamy na kolejny fragment mapy skarbu.

Teraz płyniemy na Wyspę Góry Lodowej.

Egzamin na Wyspie Góry Lodowej

Przygotowanie: Wyspę Góry Lodowej zaznaczamy taśmą klejącą albo matami gimnastycznymi. Na środku ustawiamy skrzynię nakrytą białą chustą. Na wyspie kładziemy deskorolkę z liną.

5. Fale, lód, burza

Piraci są nieustannie narażeni na gwałtowne zmiany pogody. Dlatego muszą szybko na nie reagować i rozpoznawać niebezpieczeństwo. Aby nie zostali porwani przez ogromne, huczące fale, muszą prędko wspiąć się na skały. By nie być porwanym przez ostre prądy, muszą się mocno trzymać.

Opis zabawy: Do tej zabawy używamy całej sali. Dzieci pływają swobodnie po morzu i reagują na komendy. Tempo pływania nadawane jest przez grzechotkę. Co jakiś czas wydajemy komendę, a piraci muszą jak najszybciej zareagować na nasze sygnały.

- Fale: dzieci ustawiają się na Wyspie Góry Lodowej wokół góry lodowej.
- Lód: wszyscy stają cichutko w miejscu.
- Burza: zatrzymujemy się i przytrzymujemy się wzajemnie.

6. Ratunek na Wyspę Smoka

Ponieważ naszym wielkim pirackim statkiem nie możemy dopłynąć do kolejnej wyspy, musimy pojedynczo dotrzeć do niej łodzią ratunkową. Ta łódka jest bardzo mała i lekko się przechyla. Musimy być bardzo ostrożni i wzajemnie sobie pomagać.

Opis zadania: Jeden z piratów płynie na Wyspę Smoka. Trzyma za jeden koniec liny. Drugi koniec trzyma pirat, który znajduje się jeszcze na Wyspie Góry Lodowej. Dzieci po kolei przedostają się na Wyspę Smoka z pomocą deskorolki. Siedząc na niej, ciągną rękami za linę i przesuwają się do przodu.

Kiedy wszyscy piraci dotrą na Wyspę Smoka, zaczynamy kolejne zadanie.

Sprawdzian na Wyspie Smoka

Przygotowanie: Obszar Wyspy Smoka zaznaczamy matami gimnastycznymi lub taśmą klejącą i zaznaczamy obrazkiem ze smokiem.
Na ścianie, tuż nad ziemią, wisi potwór morski, który zbudowany jest z zielonego balonu, a głowę i ogon wykonany ma z kartonu. W balonie znajduje się klucz do skrzyni ze skarbem. Potwora morskiego nakrywamy niebieską chustą. Obszar morski potwora znajduje się za wyspą (ograniczony matami). Pod chustami i kartonami chowamy miecz. Do niego przymocowujemy wykałaczkę, aby balon mógł pęknąć.

7. Walka z morskim potworem
Już prawie dotarliśmy do celu. Jednak przed nami jeszcze jedno, najtrudniejsze i najniebezpieczniejsze zadanie. Jesteście odważni? Chcecie zmierzyć się z tym zadaniem? Zatem uważajcie! Głęboko na dnie morza przebywa niebezpieczny morski potwór. Żyje już setki lat i strzeże pirackiego skarbu. Przed laty połknął klucz do skrzyni ze skarbem i dlatego nikt nie może jej otworzyć. Morskiego potwora można pokonać jedynie słynnym mieczem. Wtedy zdobędziemy skarb. Miecz znajduje się gdzieś na wyspie. Udajmy się na poszukiwania.

Opis zadania: Dzieci udają się na poszukiwanie miecza.
Kiedy tylko go znajdą, nurkują (pantomima) na dno morza.

Odkrywamy niebieską chustę i dzieci mogą zobaczyć potwora.
Jeden z piratów uderza mieczem w balon, aby go przekłuć.
Dzieci biorą klucz i wypływają na ląd. Wtedy dostają ostatnią część mapy skarbu.

Poszukiwanie skarbów

Dzieci mają teraz wszystkie części puzzli i mogą z nich złożyć mapę poszukiwaczy skarbu. Wspólnie zastanawiamy się, gdzie w naszym pomieszczeniu znajduje się jaskinia, którą widzimy na mapie.

Przygotowanie: Na jaskinie nadaje się na przykład magazynek z przyrządami gimnastycznymi obok sali gimnastycznej albo inne niewielkie pomieszczenie w przedszkolu. Tam znajduje się skrzynia zamknięta na klucz. Można ją dowolnie wypełnić, na przykład czekoladowymi, jadalnymi złotymi talarami.

Teraz płyniemy statkiem pirackim na wyspę, gdzie znajduje się jaskinia. Cichutko wślizgujemy się do niej, aby nie obudzić żadnych niebezpiecznych zwierząt. Ostrożnie otwieramy znajdującą się w środku skrzynię ze skarbem i sprawiedliwie dzielimy go między wszystkie dzieci.

Rozdział 3
Majsterkowanie

Malowanie, majsterkowanie i tworzenie

W książce tej chcę pokazać, jak wspierać dzieci w zakresie tworzenia. Dziecięca kreatywność, możliwość zabawy, motoryka dłoni i cierpliwość to szczególne obszary naszego zainteresowania i zaangażowania w tym rozdziale.
Dzieci chętnie robią rzeczy, które do czegoś służą, mają określoną funkcję i mogą być używane w czasie zabawy. Jest to ważne podczas dokonywania wyboru przedmiotu majsterkowania.
Do prac ręcznych nadają się doskonale takie materiały, jak drewno, styropian, gips, masa papierowa.
Dzieci używają do pracy różnych narzędzi, przez co uczą się odpowiedniego obchodzenia się z nimi i samodzielnego tworzenia.
W czasie majsterkowania wzmacniamy motorykę dłoni i koordynację oko – ręka. Poprzez pełne fantazji tworzenie wspieramy kreatywność dzieci. Prace ręczne uczą najmłodszych cierpliwości, dokładności, uwagi i samodzielności.

Ważne uwagi do pracy z narzędziami:
Zanim dzieci zaczną używać narzędzi, należy omówić z nimi podstawowe zasady bezpieczeństwa i istniejące niebezpieczeństwa zranień.
- Nie wolno biegać po sali z młotkiem, wycinarką i nożem.
- Nóż po wykonaniu zadania przechowujemy w stabilnym naczyniu. Wkładamy go zawsze ostrzem w dół.
- Po użyciu narzędzie nie może leżeć na miejscu pracy, ale w przyborniku z narzędziami i materiałami.
- Narzędziami nie wolno się bawić, a każdy musi uważać w czasie pracy na to, aby nie zrobić krzywdy sobie i innym dzieciom.

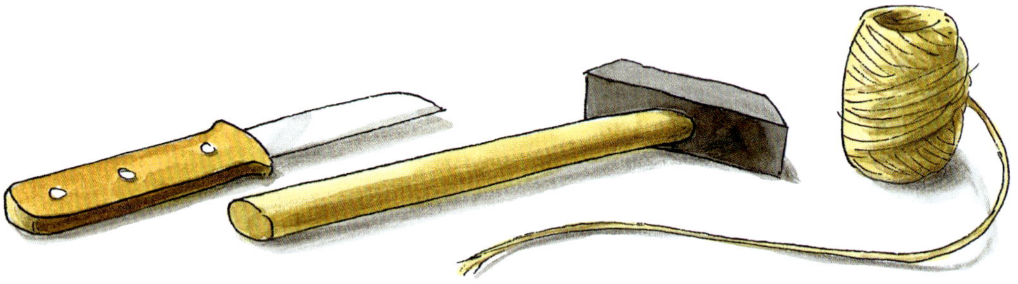

Dzieci chcą być kreatywne

W czasie tworzenia na pierwszym planie powinna znajdować się kreatywność dzieci. One chętnie wprowadzają w życie własne pomysły i fantazję. Chcą wypróbować barwy i materiały i chcą z nimi eksperymentować. Jest to ważne dlatego, że jako wychowawcy wspieramy ten kierunek rozwoju dzieci, że pozwalamy im na samodzielne i kreatywne tworzenie i proponujemy im w tym celu odpowiednie i różnorodne materiały.
Aby pobudzić w dzieciach radość z majsterkowania, musimy wcześniej zbierać materiały do prac ręcznych, aby maluchy pracowały z ulubionymi formami, dały upust swojej fantazji. Mogą wycinać, malować, kleić i łączyć różne detale.

Wiele materiałów można znaleźć w każdym gospodarstwie domowym. Na przykład: papier toaletowy, ręczniki kuchenne, korki, kapsle, kubeczki po jogurcie, małe pudełka, resztki tapet, tkanin, włóczki, kawałki futra, tasiemek, firanek, zasłon, stare skarpetki, guziki, drewienka, papierki i inne.

Również w przyrodzie znajdziemy wiele rzeczy nadających się do majsterkowania, na przykład: kamienie, piórka, puste skorupki ślimaków, szyszki, skorupki orzechów włoskich, żołędzie, korę, liście i inne.

Na wszystkie te materiały musimy przygotować skrzynie majsterkowicza, na przykład z pustego pudełka po butach. Można go wspólnie z dziećmi pomalować albo okleić kolorowym papierem. Materiały muszą być w skrzyni uporządkowanc, aby łatwo było znaleźć potrzebną rzecz.

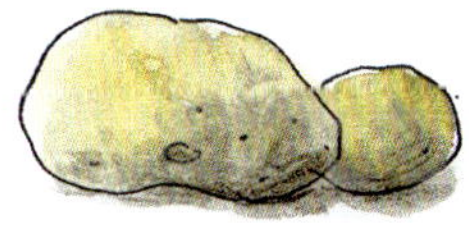

Prace ręczne

Tyczkowe figury z drewna

od 3 lat

resztki drewienek i deseczek, gwoździe, młotki, kawałki kory, korki, małe wyrzynarki, papier ścierny, śrubokręty, klej, gałganki, resztki włóczki, nożyczki, farby plakatowe, pędzle

Z resztek drewienek można zrobić pełne fantazji, wesołe figurki, a potem wstawić je do doniczki z kwiatami albo na rabatkę w ogrodzie, gdzie będą służyć jako wspaniała dekoracja. W tworzeniu możemy pozwolić sobie na pełną dowolność. Interesujące będą zwierzęta, dziwne twarze, całe postacie z głową, brzuchem ramionami i nogami. W czasie pracy z drewnem dzieci uczą się posługiwania przecinakami, pilnikami, papierem ściernym, klejem i gwoździami. Do przecinaków nadaje się najlepiej cienka sklejka topolowa, którą łatwo będzie dzieciom obrabiać. Kawałki sklejki można dostać w składach budowlanych albo stolarniach.

Opis wykonania

1. Najpierw wyszukujemy płaski kawałek drewna odpowiedni na twarz. Mocno przymocowujemy go gwoździem do patyka. Figurę będzie można później wbić w ziemię.

2. Teraz robimy twarz. Przymocowujemy oczy, nos, usta, zęby, uszy. Dzieci najpierw rysują części twarzy na pojedynczych kawałeczkach drewna, a potem wycinają je przecinakiem. Do wykonania twarzy można również używać korków i kory.

3. Części twarzy wygładzamy na brzegach papierem ściernym.

4. Przyklejamy części twarzy klejem i mocno przyciskamy. Klej, który wypłynął na brzegach, wycieramy gałgankami.

5. Z resztek wełny robimy włosy i również przyklejamy klejem.
   - Resztki futra łatwo pociąć nożyczkami.
   - Z resztek włóczki można zrobić wełniane włosy. Wszystkie kawałki związujemy w środku długim pasmem wełny.

6. Kiedy tylko klej wyschnie, malujemy naszą figurę farbami plakatowymi.

Wskazówka: Żeby się nie zsuwało, drewno musimy mocno przymocować za pomocą śrubokręta do warsztatu lub starego stołu, zanim zaczniemy pracować.

Obrazy z gwoździ

Obrazkami z gwoździ można doskonale ozdobić ściany dziecięcego pokoju lub sali przedszkolnej.

Opis wykonania

1. Wygładzamy papierem ściernym brzegi deseczki.
2. Dzieci rysują na desce obrazek, na przykład dom, drzewo, gwiazdę.
3. Na konturach obrazka rysujemy w niewielkich odstępach punkciki.
4. Wzdłuż linii, w małych odstępach, przybijamy gwoździe na zaznaczonych punktach.
5. Kawałek kolorowej włóczki przywiązujemy do pierwszego gwoździa i rozciągamy wzdłuż wszystkich przybitych gwoździ.
6. Przywiązujemy końcówkę wełny znów do pierwszego gwoździka, a resztę włóczki odcinamy.
7. Poszczególne części obrazka możemy osnuć innym kolorem włóczki.

od 3 lat

deseczki, papier ścierny, ołówki, gwoździe, młotki, włóczka, nożyczki

Drewniana piłka nożna

od 5 lat

deseczka (ok. 35 cm x 25 cm), kolorowe kredki i ołówek, gwoździe (ok. 3,5 cm i 2,5 cm), uszczelki, szeroka gumka albo wstążka do prezentów, patyczki, kulka, młotek, ewentualnie obcęgi, papier ścierny, przecinak, nożyczki

Sposób wykonania

1. Wygładzamy papierem ściernym brzegi deseczki.
2. Zaznaczamy punkty na bramkę i pole gry. Bramki powinny mieć około 5–6 cm szerokości.
3. W narysowane punkty wbijamy gwoździe (3,5 cm).
4. Wokół gwoździ bramkowych rozciągamy uszczelki lub gumki recepturki.
5. Pole gry: kolorowymi kredkami rysujemy linię środkową boiska, pole środkowe i linie obok bramek.
6. Na każdej połowie boiska rysujemy bramkarza i dziesięciu zawodników. Piłkarze powinni być dobrze rozdzieleni i postawieni w odpowiednich odstępach.
7. Małe gwoździe (2,5 cm) wbijamy w zaznaczone punkty zawodników i bramkarzy.
8. Na czterech zewnętrznych dużych gwoździach zaczepiamy wokoło szeroką taśmę jako ograniczenie pola gry. Powinniśmy najpierw odmierzyć odpowiednią długość tasiemki, którą odcinamy i zawiązujemy na końcach. Można ją również pokolorować albo zamiast tasiemki użyć kolorowej wstążki do prezentów.
9. Przygotowujemy dwa patyczki do gry.

Zasady gry

Gramy dwójkami. Każde dziecko otrzymuje patyczek. Gramy na zmianę. Kulkę – piłkę futbolową – ustawiamy na środku boiska. Trzeba nią trafić do bramki przeciwnika. Kto po określonym czasie strzeli więcej bramek, wygrywa.

„Wiosenna łąka" z papierowej masy

Dzieci rozmawiają na określony temat, na przykład o wiośnie. Opowiadają, jak wygląda wiosenna łąka, a potem modelują z masy kwiaty, motyle, biedronki.

Z masy papierowej można uformować wiele. Na przykład artykuły do sklepu, takie jak owoce i warzywa. Ze wspólnej pracy z masą solną korzystają wszystkie dzieci. Przy modelowaniu wzmacniana jest przede wszystkim motoryka dłoni. Poza tym dzieci uczą się realizacji własnych wyobrażeń i obserwacji. Rozwijane są również zdolności wyobrażania.

Wykonanie masy papierowej

1. Stare gazety drzemy na małe kawałeczki i namaczamy przez dzień w wodzie.
2. W misce rozrabiamy klej do tapet według instrukcji na opakowaniu.
3. Rozmoczony papier gazetowy ugniatamy rękami i wyciskamy z niego wodę. Teraz masę papierową mieszamy z rozrobionym klejem, aż masa stanie się elastyczna i da się łatwo modelować.

Wykonanie „wiosennej łąki"

1. Z masy papierowej modelujemy potrzebne elementy obrazka i mocno przyciskamy do płyty albo kartonu. Ważne, aby karton był gruby, ponieważ w przeciwnym razie przemięknie. Kiedy po kilku dniach wymodelowane formy wyschną, mocno przykleją się do kartonu.
2. Można pokolorować łąkę farbami.

od 3 lat

masa papierowa (gazety, klej), duży sztywny karton albo płyta wiórowa, farby plakatowe, pędzel

Wskazówka: Masę papierową można również zrobić z papieru toaletowego albo ręczników kuchennych. Papier zanurzamy w kleju i możemy go natychmiast wykorzystać do modelowania obrazka.

Motorówka

od 4 lat

kawałek styropianu (1,5–2 cm grubości), nóż do cięcia (nóż kuchenny), ołówki, gwoździe, kubeczki po jogurcie, resztki styropianu, wykałaczki, farby plakatowe lub akwarelowe, pędzel szczecinowy, kawałki papieru kolorowego, nożyczki, patyczki do szaszłyków, koraliki (Ø 1 cm), wanna z wodą, atrament, stabilny słoik na noże i gwoździe, pojemnik na farby, odporna na przecięcia podkładka

Wskazówka: Technika cięcia. W czasie wycinania nóż ustawiamy w odpowiednim miejscu na styropianie i poruszamy nim tam i z powrotem. Przytrzymujemy styropian ręką, w oddaleniu od noża, i lekko przy wycinaniu naciskamy. Aby dzieciom było łatwiej, można odcięte kawałki odrywać.

Wykonanie motorówki

1. Rysujemy na styropianie korpus łódki i wycinamy go nożem. Pod kawałek styropianu kładziemy nieprzecinającą się podkładkę.
2. Na środku korpusu rysujemy tak duży okrąg, aby później zmieścił się w nim kubeczek od jogurtu.
3. Gwoździem wykłuwamy głęboko po narysowanej linii okrąg, a potem delikatnie próbujemy go wycisnąć z korpusu łódki.
4. Później gwoździem robimy dziurkę w bocznej ścianie kubeczka od jogurtu, tuż nad dnem.
5. Kubeczek od jogurtu wkładamy w duży otwór w korpusie łodzi. Dziurka w kubeczku musi być widoczna i wskazywać kierunek odwrotny do kierunku poruszania się łodzi.
6. Z kawałków styropianu wycinamy kajutę i relingi.
7. Wykałaczkami mocujemy je na korpusie łódki.
8. Statek malujemy farbami.

9. Z kawałków kolorowego papieru wycinamy flagi statku. Nożyczkami robimy w nich dwie dziurki i przeciągamy jako maszt patyczki do szaszłyków.

10. Po wyschnięciu mocujemy flagi na korpusie łódki.

Wykonanie marynarzy i pasażerów

1. Wycinamy ze styropianu małe kwadraty albo trójkąty.

2. Przebijamy kształty wykałaczkami, jako rączki i nóżki postaci.

3. Główki robimy z koralików, mocujemy je do styropianu również za pomocą wykałaczki.

Statek może pływać po powierzchni wody. Jeśli napełnimy wodą kubeczek po jogurcie na środku korpusu, zacznie ona wypływać przez otwór w kubeczku i poruszy statek. Aby wypływająca z otworu woda była widoczna, można wcześniej dodać do wlewanej wody kilka kropli atramentu.
W czasie tej zabawy dzieci mogą poznać zasady fizyki (oddziaływanie sił), obserwować i rozumieć zachodzące związki. Dowiadują się również, że poprzez użycie siły można wprawić coś w ruch. Woda wydobywa się z otworu w kubeczku (akcja), a statek porusza się w przeciwnym kierunku (reakcja). Dzięki sile (siła ciągu), która powstajc przy wypływaniu wody, statek przyspiesza.

Wskazówka: Z resztek styropianu można stworzyć wiele rzeczy. Bardzo łatwo wykonać samolot, dom, zamek.
Nie trzeba dzieciom stawiać żadnych granic. One zawsze mają nowe, ciekawe pomysły.

Gipsowy obrazek

od 3 lat

gips, plastikowa miseczka, patyczek do mieszania, płyta wiórowa, opaski gipsowe, nożyczki, zbiornik na wodę, farby plakatowe, pędzel

Z gipsu możemy wykonać piękne obrazki. Gips tworzy wspaniałe struktury, które angażują dziecięcą fantazję. Z opasek gipsowych zrobimy wzory, przedmioty, kwiaty i wiele innych form.

1. Gipsowy proszek mieszamy z wodą według instrukcji na opakowaniu. Około kubek wody na dwa kubki gipsu.

2. Masę gipsową wykładamy rękami na płytę, aby powstały na obrazku różne struktury. Gips szybko wysycha, dlatego trzeba go formować bardzo sprawnie.

3. Z opaski gipsowej odcinamy kawałki nożyczkami.

4. Kawałki moczymy w wodzie, potem formujemy rękami i układamy dowolnie na płycie. Po wyschnięciu gips trzyma się bardzo mocno.

5. Kiedy tylko całość wyschnie, możemy uformowane kształty i tło dowolnie pomalować farbami.

Wskazówka: Można również pracować tylko z opaskami gipsowymi. Malujemy określony motyw na kartonie lub płycie. Odcinamy kawałki opaski gipsowej i mocujemy na płycie według opisu. Po wyschnięciu malujemy obrazek.

Moje imię

od 4 lat

papier lub karton na tło, ołówki, papier kolorowy, nożyczki, karton, kredki woskowe, stare sito i szczoteczka do zębów, akwarele, farby do malowania palcami, klej, kredki, kawałki bibuły, pinezka z dużym uchwytem, miękka podkładka

Dzieci często już bardzo wcześnie interesują się tym, z jakich liter składa się ich imię. Są bardzo dumne i czują się bardziej dorosłe, kiedy potrafią napisać swoje imię na własnoręcznie wykonanych obrazkach czy pracach.
W czasie tych zajęć każde dziecko będzie mogło wykonać swoje imię indywidualnie wybraną techniką. Udoskonalimy w ten sposób znane już techniki i nauczymy się zupełnie nowych. Kształtujemy w ten sposób motorykę dłoni, dokładne wycinanie, wykłuwanie według narysowanej linii, kolorowanie i klejenie.
Dzieci układają z poszczególnych liter swoje imię i zapamiętują je. Mogą tworzyć porównania, ponieważ niektóre litery występują w ich imieniu kilka razy, albo takie same litery są w imionach innych dzieci.

Wykonanie
Na tło imienia nadaje się długi, szeroki kawałek papieru, który na koniec podcinamy do potrzebnej długości.
Dla każdej litery alfabetu musimy najpierw wykonać szablon. Litera powinna mieć około 10 cm wysokości. Litery można wykonać na komputerze, wydrukować, nakleić na karton i wyciąć.
Dzieci wyszukują wśród szablonów potrzebne litery i odrysowują ołówkiem na wybranym do pracy materiale.

Techniki wykonania
Wycinanie
Rysujemy litery na kolorowym papierze, wycinamy je i przyklejamy lewą stroną na tle.

Majsterkowanie

Kredki woskowe

Wycinamy literki z gładkiego, sztywnego papieru. Ich środki malujemy mocno kredkami woskowymi. Teraz kładziemy litery na tle i rozcieramy palcem kredki po całej literze.

Pryskanie

Zabezpieczamy blat stołu starymi gazetami i wkładamy ochronne fartuszki. Wycinamy literę i naklejamy ją na tło. Wykonane już litery zakrywamy papierem. Zwilżamy wodą starą szczoteczkę do zębów i zamaczamy w farbach akwarelowych. Za pomocą sitka rozpryskujemy farbę po literce.

Malowanie palcami

Znów odrysowujemy literę na tle. Zamaczamy palec w farbie i kolorujemy literę, robiąc palcem duże kropki, plamki.

Wydzieranka

Odrysowujemy literkę na tle. Wydzieramy z kolorowego papieru malutkie skrawki i wyklejamy nimi całą literę.

Malowanie

Rysujemy literę i kolorujemy ją kredkami.

Wyklejanie bibułą

Odrysowaną na tle literę wyklejamy kuleczkami zrobionymi ze skrawków bibuły.

Wykłuwanie

Odrysowujemy literkę na papierze kolorowym. Kładziemy go na miękkiej podkładce i pinezką dziurkujemy wzdłuż narysowanego brzegu litery miejsce po miejscu. Ostrożnie wyciskamy literę z kawałka kolorowego papieru wzdłuż nakłutych brzegów.

Budowanie instrumentów

Poprzez budowanie instrumentów dzieci jednocześnie budują szacunek do własnoręcznie wykonanych dzieł. Mogą eksperymentować z instrumentami, muzykować, bawić się i wypróbowywać. Dzieci odkrywają przez to rozmaite odgłosy i dźwięki. Ważne, aby wykonane instrumenty wykorzystywane były w czasie zabawy, aby na nich grać, ponieważ w czasie zabawy dzieci nabierają różnych doświadczeń, na przykład, jak głośno, jak cicho, szybko czy wolno można grać na określonym instrumencie. Pobudzamy przy tym kreatywność w sposobach grania i rytmach oraz różnicujemy percepcję dźwięków i odgłosów. Instrumenty pełnią ważną funkcję, ponieważ można za ich pomocą wyrazić emocje.

Grzechotki

W zależności od wypełnienia, otrzymamy różne odgłosy.

1. Kubeczek po jogurcie wypełniamy wybranym materiałem.

2. Nad otworem umieszczamy papier gazetowy i przyklejamy klejem do brzegów. Dodatkowo przymocowujemy gumką recepturką.

3. Z papieru gazetowego wydzieramy drobne kawałki. Oklejamy nimi kubeczek, a jako ostatnią warstwę naklejamy kolorową bibułę. Szczególnie dokładnie musimy okleić kubeczek przy otworze, aby był stabilny. Można również okleić naszą grzechotkę tylko gazetami, a na końcu pomalować go kryjącą farbą plakatową.

od 3 lat

kubeczki po jogurcie, materiały do wypełnienia (ziarna, muszelki, fasola, małe kamyczki...), papier gazetowy, gumki recepturki, kolorowy papier (bibuła), klej

Grzechoczące pudełka

od 3 lat

małe pudełka (po żarówkach albo mydełkach), nożyczki, małe patyczki, grzechoczące wypełnienie, papier gazetowy, klej, farby plakatowe, pędzel

1. Robimy w pudełku dziurę nożyczkami i wkładamy w nią patyczek.

2. Wrzucamy do pudełka grzechoczące wypełnienie.

3. Pudełko oklejamy skrawkami gazetowego papieru. Miejsce łączenia pudełka z patyczkiem oklejamy większym kawałkiem gazety. Kiedy pudełko jest już dobrze oklejone, a patyk dobrze się trzyma, możemy pudełko dowolnie pomalować.

Dzwonki

od 4 lat

listewka, piłka do drewna, papier ścierny, blaszki albo kapsle, pinezki, gwoździe, młotek

Odcinamy około 25 cm listewkę i wygładzamy papierem ściernym.

Dziurkujemy środki blaszek lub kapsli, najlepiej zrobić to długą pinezką.

Od 3 do 5 blaszek nawlekamy na długi gwóźdź i przybijamy młotkiem do listewki – to będą nasze dzwonki.

Do listewki przybijamy kilka takich grup blaszek (według uznania).

Wywoływacz deszczu

Wywoływaczem deszczu możemy uzyskać odgłosy podobne do deszczu. Kiedy się go obróci, wypełnienie opada i przy zderzaniu się z gwoździami wydaje charakterystyczne dźwięki.

od 4 lat

papierowa rurka, ołówki, gwoździe (troszkę dłuższe niż połowa przekroju rurki), młotek, karton, nożyczki, taśma klejąca, grzechoczący wypełniacz (małe muszelki, ryż, ziarna…), papier, kawałki gazet, klej, bibuła, farby plakatowe, pędzel

1. Na papierowej rurze dzieci rysują z góry do dołu spiralę. Potem na tej linii umieszczają punkty w niewielkich odstępach.

2. W każdy punkt wbijamy gwóźdź. Wskazówka: Dzieci powinny pracować przy tym w dwójkach i wzajemnie sobie pomagać. Jedno trzyma mocno rurę, bębenek, drugie wbija gwóźdź.

3. Wycinamy dwa krążki z kartonu o średnicy przekroju rury, na jej przykrywki. Mocujemy je do końców rury taśmą klejącą. Przy niektórych rurkach (na przykład po chipsach) czynność tę opuszczamy, ponieważ rura posiada własne, plastikowe zamknięcia.

4. Do rurki wsypujemy dwie garści grzechoczącego wypełniacza.

5. Całą rurę oklejamy dużym kawałkiem papieru albo gazet. Szczególnie dokładnie zajmujemy się końcami.

6. Wywoływacz deszczu dowolnie ozdabiamy. Można go okleić bibułą albo pomalować farbami plakatowymi.

7. Fantastyczny efekt uzyskamy, kiedy biały cienki papier pomalujemy farbami wodnymi, bębenek po wyschnięciu podrzemy na kawałki i okleimy nimi wywoływacz deszczu.

Indiański bębenek do zawieszania

od 5 lat

pudełka po ciasteczkach, kolorowy papier samoprzylepny, wiertarka ręczna, długa igła, wełna, patyczki, piła, korek, klej, nożyczki

Dzieci nauczą się doskonale bębnić na indiańskim bębenku. Mogą grać własne rytmy, można też stworzyć orkiestrę bębniarzy.

1. Pudełko po ciastkach ozdabiamy samoprzylepnym papierem kolorowym.

2. Na pokrywce i dnie zaznaczamy osiem punktów, w jednakowych odstępach.

3. Wiertarką ręczną wiercimy otwory w miejscu narysowanych punktów.

4. Pudełko zamykamy tak, aby dziurki w dnie i pokrywce umieszczone były równolegle.

5. Teraz związujemy pokrywkę za pomocą długiej igły i wełny. Powstanie wtedy indiański wzór, a dół i góra będą się trzymały razem. Wełnę przeplatamy przez pokrywkę i dno, bębenek potem znów przez pokrywkę, aż wszystkie otwory będą ze sobą połączone.

6. Skręcamy długi sznurek. Zawiązujemy go po prawej i lewej stronie bębenka, aby można było powiesić go na szyi i grać (mniej więcej na wysokości brzucha).

7. Teraz wykonujemy pałeczki do grania. W tym celu w każdym korku robimy otwór ręczną wiertarką. Wtykamy w nie patyczki.

Mały bębenek

od 3 lat

puszka po konserwie, otwieracz do konserw, papier, klej, baloniki, nożyczki

Z puszki po konserwie usuwamy otwieraczem oba denka. Ważne, żeby kanty były czyste i nieostre.

Oklejamy ścianki puszki dużym kawałkiem papieru. Szczególnie dokładnie oklejamy kanty, aby uniknąć niebezpieczeństwa skaleczenia się.

Ozdabiamy puszkę. Oklejamy kolorowym papierem albo malujemy farbami.

Odcinamy z balonów wąską część, przez którą je pompujemy i naciągamy je delikatnie na otwory w puszce. Gramy na bębenku, uderzając dłonią w naciągnięte balony.

Grające tasiemki

od 3 lat

baloniki, piasek, łyżka, szeroka wstążka do prezentów albo stare torebki na zakupy, nożyczki

Grające tasiemki to ulubiona zabawka dzieci. Kiedy się nimi kręci, wstążki fruwają i wydają furczące odgłosy.

Balonik napełniamy piaskiem. Najwygodniej wykonać to łyżką.

Zawiązujemy koniec balonika.

Z wełny skręcamy długi sznurek i przywiązujemy do balonu.

Ze wstążek do prezentów albo ze starych torebek na zakupy odcinamy długie wstążki i mocujemy je do końcówki balonu.

Twórcze prace grupowe

Twórcze zabawy dają niezliczenie wiele możliwości wspólnego działania, kreatywnego myślenia, rozwijania pomysłów, rozdzielania zadań, malowania, wycinania, klejenia. Dzieci nabierają też doświadczeń społecznych i uczą się angażowania w grupie własnych zdolności, pomysłów, działań, akceptowania zdania innych dzieci. Dzieci tworzą coś, a jednocześnie dzielą odpowiedzialność za wspólne dzieło. Wzmacniamy przez to poczucie wspólnoty i radość z udanego wykonania. Również później, w szkole, ważna jest samoświadomość i umiejętność włączania się do grupy z własnymi twórczymi pomysłami.

Praca zespołowa powinna dotykać tematów dotyczących dzieci i ich sytuacji życiowych. Dzieci mogą się z nimi identyfikować, angażować i czuć empatię.

od 3 lat

płyta wiórowa albo karton, farby plakatowe i pędzel, pianka do zdobienia, długopis, nożyczki, klej, czarny flamaster, piasek i małe muszelki

Wycinanka-wyklejanka „Podwodny świat"

1. Malujemy farbą kryjącą płytę wiórową albo sztywny karton. Mieszamy kolor niebieski z białym i ewentualnie z zielonym.

2. Malujemy długopisem na piance do zdobienia wodne rośliny i ryby, a następnie je wycinamy. Z resztek możemy jeszcze dokleić łuski. Oczy ryb malujemy czarnym flamastrem.

3. Kiedy farba wyschnie, możemy tworzyć wodny świat. Na dole wyciskamy trochę kleju i posypujemy go piaskiem. Piasek zostanie w miejscach, gdzie znajduje się klej. Przyklejamy potem rybki, rośliny i ewentualnie muszelki.

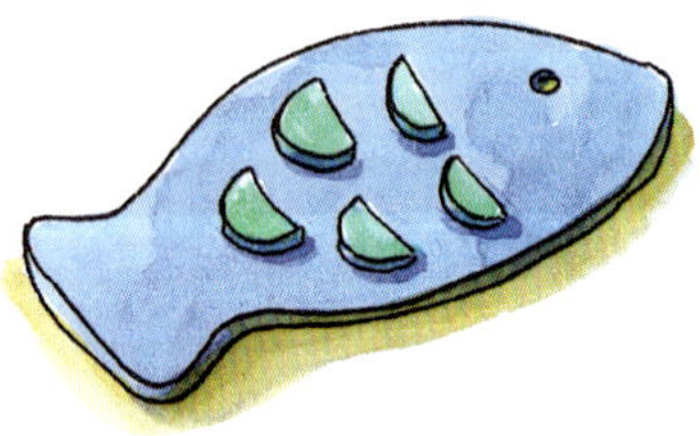

Kolaż „Arka Noego"

- Pogłębienie wychowania religijnego
- Technika gąbkowa
- Malowanie, wycinanie, klejenie

Za pomocą wspólnego kolażu można przedstawić aktualne tematy z ulubionej książeczki, historyjki, projektu, można je zgłębić i opracować.

od 3 lat

duży karton, biały papier, farby do malowania palcami, gąbka, resztki papieru, nożyczki, flamastry, klej

1. Na tło nadaje się duży karton. Oklejamy go papierem, aby farba lepiej go pokryła. Gąbką i farbą wyciskamy tło-krajobraz. Ważne, aby dzieci zaczęły wygniatanie od środka pracy, aby farba nie została zatarta.

2. Zwierzęta, arkę i Noego malujemy na papierze, wycinamy i kolorujemy.

3. Kiedy tylko tło wyschnie, naklejamy na nim wszystkie potrzebne elementy.

Wycinanka-wyklejanka „Kształty i kolory"

od 3 lat

różne rodzaje papieru, na przykład bibuła, papier kolorowy, papier błyszczący, tektura falista – w różnych odcieniach, duże kawałki tektury, nożyczki, klej

Kształty i kolory są dla dzieci bardzo interesujące i można je spotkać właściwie wszędzie. Aby przedszkolaki zgłębiły wiedzę o nich, można przygotować następujące zadanie.

1. Najpierw oglądamy z dziećmi różne kształty i szukamy ich w sali przedszkolnej.

2. Dla podstawowych kształtów – kwadratu, koła, trójkąta i prostokąta – wybieramy kolor.

3. Najpierw zaczynamy z kształtem. Wycinamy go z dużego kartonu.

4. Dzieci szukają przedmiotów w różnych rozmiarach, które mają wybrany kształt. Przedmioty te posłużą jako szablony. Odrysowujemy je na różnych papierach i w różnych odcieniach jednego koloru. Wycinamy. Na kółka nadają się talerzyki, spodeczki, miseczki, puszki. Różnej wielkości pudełka posłużą jako prostokąty, podobne jako kwadraty. Kształty mogą być też malowane bez szablonów.

5. Wycięte kształty sortujemy według wielkości i naklejamy jedne na drugie tak, aby widać było różnice odcieni.

6. Wszystkie dzieci kładą stworzone przez siebie kształty i przyklejają w dowolnych miejscach na dużej formie wybranego kształtu.

Rozdział 4
Muzyka

Muzyka jako przeżycie społeczne

Muzyka ma dla dzieci ogromne znaczenie. Pokazuje radość i wspólnotę, którą dzieci mogą poczuć i przeżyć. Poniższe przykłady powinny zainteresować dzieci aktywnościami rytmiczno-muzycznymi i wspierać je w tym zakresie.

- W czasie zabawy z muzyką dzieci rozwijają swoją kreatywność. Stają się twórcami zabaw i tańców. Mogą wymyślać gry z muzyką i wcielać je w życie.

- W czasie zabaw z muzyką angażowane jest emocjonalne przeżywanie. Za pomocą muzyki dzieci mogą wyrażać swoje uczucia i dzielić je z innymi. Pogłębia się przez to świat uczuć i przeżyć, różnicuje i wzbogaca.

- Poczucie rytmu kształtowane jest w czasie zabaw z instrumentami, ale również przez ruch i taniec w rytm muzyki.

- Muzyka daje mnóstwo okazji do wspólnego tworzenia. Wszyscy uczestniczą w śpiewaniu i muzykowaniu i podejmują role, których w innych przypadkach przestraszyliby się. Każde dziecko może znaleźć się w centrum uwagi.

- W czasie zabawy z dźwiękiem dzieci mogą doświadczać siebie jako członka grupy. Działają jako orkiestra i tworzą muzyczne przedstawienia. Produkują coś wspólnie, dzielą odpowiedzialność za brzmienie muzycznego dzieła. Wzmacniamy wtedy w dzieciach poczucie wspólnoty. Podczas stwarzania spójnej muzycznej historyjki z poszczególnych elementów maluchy muszą słuchać siebie nawzajem, poznawać, co inni odkryją, zastanawiać się, co można poprawić, ulepszyć, a przede wszystkim muszą się otworzyć i reagować na uwagi innych.

- Piosenki, zabawy muzyczne i rytmiczne wspomagają mowę dziecka. Poznaje ono rytm mowy i trenuje jednocześnie płynność wymowy. Tworzenie dźwięków i głosek, melodia wypowiedzi, budowanie wyrazów i zdań, komunikacja i słownictwo są w czasie zabawy ćwiczone i doskonalone.

Zabawy z instrumentami perkusyjnymi i wykonanymi własnoręcznie

Poprzez zabawy dźwiękowe i eksperymenty z dźwiękami rozbudzamy w dzieciach i wspieramy twórcze siły i fantazję.
Dzieci uczą się opisywać dźwięki i odgłosy, przenosić je na inne obszary i rozróżniać je. Angażujemy percepcję i uwagę dzieci, które stają się otwarte na dźwięki i odgłosy.

Rozpoznawanie dźwięków

Dzieci siedzą w półokręgu. Odwracamy stół tak, aby można było schować się za jego blatem. Jedno dziecko chowa się za stołem i gra na instrumencie. Pozostałe dzieci zgadują, co to za instrument. Kto odgadnie, może grać w następnej kolejce. Cała grupa sylabizuje i wyklaskuje nazwę instrumentu. Należy dopilnować, aby każde dziecko raz zagrało na wybranym instrumencie.

od 3 lat

Wskazówka: Stopień trudności wzrośnie, gdy jednocześnie dwoje dzieci będzie grało na instrumencie, którego nazwę trzeba podać.

Poruszanie się według dźwięków

od 3 lat

Dzieci chętnie poruszają się do określonych dźwięków. W czasie tej zabawy instrumentom przyporządkowujemy określone ruchy. Dzieci podają swoje pomysły, na przykład na dźwięk drewienek akustycznych poruszamy się jak konie, na dźwięk wywoływacza deszczu jak ryby i tak dalej. Dzieci muszą dokładnie wsłuchiwać się, jaki instrument gra, i dopasować swoje ruchy. Poruszają się oczywiście w tempie wolniej – szybciej, tak jak dyktuje instrument. Na początek używamy trzech, czterech instrumentów. Stopień trudności podnosimy, zwiększając liczbę instrumentów, a tym samym liczbę ruchów.

Muzyczne ciepło – zimno

od 3 lat

Dzieci siedzą w kręgu. Jedno wychodzi, a pozostałe chowają w sali jakąś rzecz. Wszystkie dzieci grają na ulubionym instrumencie i prowadzą szukającego do ukrytego przedmiotu za pomocą głośności dźwięku. Im dziecko dalej od kryjówki, tym gra staje się cichsza. Im bliżej celu, tym koledzy grają głośniej.

Dźwiękowe historie

Dzięki akompaniamentowi do różnych historii na własnoręcznie wykonanych instrumentach lub instrumentach perkusyjnych dzieci mogą stosować różne cechy dźwiękowe instrumentu i przyporządkowywać im określone zdarzenia. Ćwiczą postrzeganie słuchowe, kiedy uważnie słuchają powstających odgłosów.

od 3 lat

Zwierzęcy koncert

Pewnego ciepłego letniego wieczoru **szczebiotał** mały **ptaszek** miłą wieczorną piosenkę.

kuranty/ksylofon

Kiedy **dzik Rudolf** usłyszał piękną ptasią piosenkę, zaczął **stukać** w takt o ziemię swoimi kopytami.

bębenek, drewienka akustyczne

Rytmiczne stukanie spłoszyło **dzieci zająca**, które **pokicały** do zwierząt.

skorupy orzecha kokosowego

Kicanie zajęcy tak bardzo spodobało się **mrówkom**, że podbiegły i dołączyły do muzyki **słodkie**, **szeleszczące dźwięki** swoich małych nóżek.

grzechotka/bębenek

Szeleszczące dźwięki zachwyciły **dzięcioła**, który podfrunął bliżej i **stukał** swoim twardym dziobem w pień w rytm muzyki.

drewienka akustyczne

Wtedy powstał cudowny koncert zwierząt. Wszystkie zwierzęta, **ptaszek**, **dzik Rudolf**, **zajączki**, **mrówki** i **dzięcioł** grały razem najpiękniejszą leśną muzykę, jaką dotychczas słyszeli.

wszystkie instrumenty

Grali najpierw bardzo cichutko, potem stopniowo głośniej, aż wreszcie całkiem głośno.

	Muzyka powoli cichła, aż stała się prawie niesłyszalna.
drewienka akustyczne	Ponieważ już się ściemniło, a zwierzątka były zmęczone muzykowaniem, **dzięcioł uderzył** ostatni raz w pień drzewa i odleciał.
grzechotka/bębenek	**Mrówki pobiegły** do swojego mrowiska.
skorupy orzecha kokosowego	**Zajączki pokicały** do rodziców.
bębenek, drewienka akustyczne	A **dzik Rudolf** ostatni raz **tupnął** o ziemię kopytami, a potem zniknął w lesie.
kuranty/ksylofon	Teraz słychać było tylko **szczebiotanie** małego **ptaszka**, ale w końcu i on poszedł spać.

Wskazówka: Można również zrobić z dziećmi inscenizację na podstawie historyjki.

Do odegrania odgłosów zwierząt musimy poszukać z dziećmi odpowiednich instrumentów. Dla każdego zwierzęcia ustalamy sposób grania. Dziecko wybiera sobie jedno zwierzę i akompaniuje mu w historii. Również kilkoro dzieci może wykonywać odgłosy jednego zwierzęcia. Pewną pomocą w orientacji mogą być obrazki z wizerunkami zwierząt z historyjki. Dzieci najpierw dopasowują instrument do obrazka, a potem rozdzielają między siebie role. Na zakończenie można nagrać historię albo zagrać ją według obrazków, bez czytania tekstu. Narysowane zwierzęta odgrywane są przez poszczególne instrumenty.

Mały niedźwiedź

Wczesnym rankiem pierwsze promienie słoneczne ogrzewały ziemię. Mały **niedźwiedź** cieszył się z tego i **poczłapał** swoimi niedźwiedzimi łapami z jaskini w świat.	*bębenek*
Jednak kiedy chciał wrócić do domu, nie mógł znaleźć drogi. Ze strachem **człapał** wokoło.	*bębenek*
Kiedy smutnie snującego się niedźwiedzia zobaczył **zając**, **przykicał** do niego i obiecał, że mu pomoże.	*skorupy orzecha kokosowego*
Teraz mały **niedźwiedź** i **zając** wspólnie szukali niedźwiedziej jaskini.	*bębenek i skorupy orzecha kokosowego*
Wkrótce spotkali **sarny**, które szybko **przybiegły**, aby pomóc małemu niedźwiedziowi.	*drewienka akustyczne*
Teraz mały **niedźwiedź**, **zając** i **sarny** wspólnie udali się na poszukiwania domu niedźwiedzia.	*bębenek, skorupy orzecha kokosowego i drewienka akustyczne*
Na swojej drodze spotkali **myszki**. **Biegły** one z ciekawością za zwierzętami i niespokojnie szukały jaskini niedźwiedzia.	*grzechotka*
Mały **niedźwiedź**, **zając**, **sarny** i **myszki** szukali razem.	*bębenek, skorupy orzecha kokosowego, drewienka akustyczne i grzechotka*
Po długiej wędrówce nad zwierzętami przeleciał **orzeł**.	*pocieramy o bębenek*
Ponieważ współczuł niedźwiedziowi, postanowił pomóc zwierzętom. **Orzeł** rozpostarł swoje ogromne skrzydła, **przeleciał** nad drzewami i łąkami i spojrzał swoim bystrym wzrokiem, szukając jaskini.	*bębenek*
Po krótkim czasie **orzeł** dostrzegł ją i **poleciał** znów do zwierząt.	*bębenek*
Wszystkie zwierzęta – mały **niedźwiedź**, **zając**, **sarny**, **myszki** i **orzeł** z ulgą ruszyli w drogę do niedźwiedziego domu.	*wszystkie instrumenty*
Szczęśliwy mały niedźwiedź świętował z przyjaciółmi powrót do swojej jaskini. Wszyscy tańczyli wesoło i radośnie, aż zasnęli zmęczeni w domu niedźwiedzia.	*wszystkie instrumenty*

Tańczący kret

dzwonki	Był sobie raz **kret**, który uwielbiał **tańczyć**. Czuł się jednak trochę samotny, ponieważ zawsze tańczył sam. Postanowił zatem poszukać przyjaciół.
grzechotki	W trawie **pełzał chrząszcz**.
grzechotki i dzwonki	Kret był tak zachwycony chrząszczem, że zapytał go, czy chce zostać jego przyjacielem. Chrząszcz bardzo się ucieszył i zaczął tańczyć z kretem.
arabskie kastaniety	Obok **przelatywała** mała **pszczółka**.
grzechotki, dzwonki i arabskie kastaniety	Nie wierzyła własnym oczom, bo nigdy nie widziała czegoś podobnego. Kret tańczył z chrząszczem! Z zachwytu zakręciła się obok tańczących.
muskamy bębenek	Z ziemi **wypełzła dżdżownica**. – Cóż tu się dzieje? – pomyślała. – A to śmieszne, tańczący kret, chrząszcz i pszczoła.
grzechotki, dzwonki, arabskie kastaniety, bębenek	Nie trwało długo, jak postanowiła dołączyć do zwierząt i tańczyła z przyjemnością.
drewienka akustyczne	Po chwili **przytupała mysz**.
grzechotki, dzwonki, arabskie kastaniety, bębenek, drewienka akustyczne	Również ona była tak zdziwiona widokiem tańczących, że postanowiła się przyłączyć.
drewienka akustyczne	Kiedy zwierzęta się zmęczyły, a powoli stawało się ciemno, **mysz** potuptała do swojego domu.
bębenek	**Dżdżownica** wróciła do wnętrza ziemi.
arabskie kastaniety	**Pszczoła** odleciała szybko do swojego ula.
grzechotki	**Chrząszcz** popełznął do swojej jamki.
dzwonki	A **kret** wślizgnął się do swojego kretowiska.
dzwonki, grzechotki, arabskie kastaniety, muskamy bębenek, drewienka akustyczne	Ponieważ dzień był piękny, a taniec z przyjaciółmi sprawił mu wiele radości, **kret** spotkał się następnego dnia z **chrząszczem**, **pszczołą**, **dżdżownicą** i **myszką**. Tańczyli razem, bawili się i było im bardzo wesoło.

Mały słoń wyrusza w podróż

Był sobie raz mały **słoń**, który znudzony **chodził ociężale** dookoła.	*bębenek*
– Ach – myślał. – Gdybym wreszcie przeżył coś ciekawego.	
Zastanowił się i wpadł na pomysł, że uda się w podróż.	
Mały **słoń pobiegł** radośnie w drogę.	*bębenek*
Po drodze spotkał **żyrafę**.	*pudełko akustyczne*
Żyrafa powiedziała:	
– Mały słoniku, dokąd idziesz?	
– Idę w świat – odpowiedział mały słoń. Ponieważ **żyrafa** nie miała nic innego do roboty, postanowiła towarzyszyć **słoniowi**.	*bębenek* *pudełko akustyczne*
Po wielu dniach w drodze zobaczyli na brzegu rzeki **pełzającego żółwia**.	*pocieramy skorupy orzecha kokosowego*
– Mały słoniu, żyrafo, dokąd wędrujecie? – zagadnął żółw.	
– Idziemy w świat – odpowiedzieli oboje. Żółw postanowił im towarzyszyć. I tak **mały słoń**, **żyrafa** i **żółw** ruszyli dalej w drogę.	*bębenek, pudełko akustyczne, skorupy orzecha kokosowego*
Na drzewie siedziały dwie **papugi**, które aby rozprostować swoje skrzydła **poderwały się do lotu**.	*kręcimy i zgniatamy papier albo foliową torebkę*
Papugi zawołały:	
– Mały słoniu, żyrafo, żółwiu dokąd wędrujecie? – Idziemy w świat – odpowiedzieli. **Papugi** postanowiły polecieć razem ze **słoniem**, **żyrafą** i **żółwiem**.	*bębenek, pudełko akustyczne, skorupy orzecha kokosowego, papier*

drewienka akustyczne

Zwierzęta dotarły do oazy i spotkały tam **zebry**, które **brykały** w wysokiej trawie.
Zebry zarżały:
– Mały słoniu, żyrafo, żółwiu, papugi, dokąd wędrujecie?

bębenek, pudełko akustyczne, skorupy orzecha kokosowego, papier, drewienka akustyczne

– Idziemy w świat – odpowiedziały zwierzęta.
Zebry były tak zdziwione liczbą wędrujących zwierząt, że postanowiły towarzyszyć małemu **słoniowi**, **żyrafie**, **żółwiowi** i **papugom**.

wszystkie instrumenty

Zwierzęta zostały przyjaciółmi i przeżyły ze sobą wiele przygód. Wędrowały po skałach i wąwozach, biegały po oazach i pustyniach i oglądały piękny świat.

bębenek, pudełko akustyczne, skorupy orzecha kokosowego, papier, drewienka akustyczne

Po tym jak mały **słoń** zobaczył tak wiele, zawrócił do domu. Również pozostałe zwierzęta – **żyrafa**, **żółw**, **papugi** i **zebry** – udały się w powrotną drogę do domu.

Zabawy z głosem i dźwiękami wydobywanymi za pomocą części ciała

Zabawy z głosem i dźwiękami wydobywanymi za pomocą części ciała nadają się do rozpoczęcia całego bloku zabaw albo w celu rozluźnienia się. Już najmłodsi znajdują w nich wiele radości. W czasie zajęć z tworzeniem odgłosów, śpiewaniem, mówieniem głosek i sylab dzieci uczą się słyszeć, poszerzają się ich zdolności wymowy, tworzenia głosek i zostaje wzmacniania artykulacja. Badanie i wykorzystanie możliwości wydobywania dźwięków za pomocą ciała można rozwijać poprzez tupanie, klaskanie, pocieranie, pstrykanie palcami, cmokanie, wibrowanie wargami, gwizdanie, syczenie. Podczas klaskania wydobywamy różnorodne dźwięki, inne wewnętrzną, a inne zewnętrzną częścią dłoni, inne przy uderzaniu palcami, inne rozłożonymi dłońmi, a inne złożonymi w muszelki.

„Klaszczemy, klapiemy, dudnimy"

od 2 lat

Tej grze towarzyszy wydawanie różnych dźwięków i ruchy ciała.

- Klaszczemy: klaszczemy w dłonie.
- Klapiemy: uderzamy rękami w uda.
- Dudnimy: uderzamy rękami podłogę.

Polecenia: „klaszczemy, klapiemy, dudnimy" powtarzamy wielokrotnie i pokazujemy czynności, które te słowa oznaczają. Między komendami wypowiadamy różne sylaby albo dźwięki, a jednocześnie wykonujemy wcześniej ustalone ruchy, na przykład wyciągamy dłonie do góry i obracamy nimi, albo podnosimy i opuszczamy ręce itp.

Ssssssssssssssssssss, Mmmmmmmmmmmmm, La-la-la-la-la-la, Uuuuuuuuuuuuuu, Rrrrrrrrrrrrrrrrrr itd.

Dzieci nieświadomie rozwijają w czasie tej zabawy wyczucie językowe dla różnych sylab i głosek.

„Tup, tup"

Tej zabawie towarzyszy recytowanie i ruchy ciała.

od 2 lat

tup, tup	*dwa razy tupiemy*
klask, klask, klask	*trzy razy klaszczemy*
tup, tup	*dwa razy tupiemy*
klask, klask, klask	*trzy razy klaszczemy*
raz, dwa, trzy, cztery	*Na zmianę wyciągamy do góry*
raz, dwa, trzy, cztery	*prawe i lewe ramię.*
tup, tup…	
rolla, rolla, ratata	*Na „rolla, rolla" stukamy palcami o uda.*
rolla, rolla, ratata	*Na „ratata" klaszczemy rękami o uda.*
tup, tup…	
z z zzz	*syczymy*
z z zzz	
tup, tup…	
pięć, sześć, siedem, osiem	*Na zmianę wyciągamy do góry*
pięć, sześć, siedem, osiem	*lewe i prawe ramię.*
tup, tup…	
la la lalala	*Na „la la" uderzamy dłońmi*
la la lalala	*w przedramiona, a na „lalala"*
	klaszczemy w dłonie.

Można z dziećmi znaleźć inne sposoby na recytację i dźwięki wydawane za pomocą części ciała.

W kraju Indian

(Rytmiczna zabawa z muzykowaniem na częściach ciała)

od 3 lat

Daleko stąd żyło indiańskie plemię. Każdego ranka Indianie budzili się o wschodzie słońca. Wyciągali się i przeciągali, głośno ziewając.

Dziś Indianie udają się na poszukiwania cennych kamieni. Pakują do toreb prowiant, zapałki, liny do wspinaczki. Ruszają w drogę, wydając indiańskie okrzyki.

Uderzamy rytmicznie dłońmi o uda.

Biegną przez łąkę.

Uderzamy rytmicznie w piersi.

Idą przez chwiejący się drewniany most.

Podnosimy nogi i tupiemy, wydajemy syczące dźwięki.

Brną przez bagno.

Uderzamy głucho w policzki.

Tupią po wielkim błocie.

Wykonujemy ramionami i dłońmi ruchy pływackie.

Płyną przez głęboką rzekę.

W końcu docierają do celu. Przed nimi widać wielką górę. Na jej szczycie znajduje się jaskinia, w której są ukryte wartościowe kamienie.

Pantomimicznie wywijamy lassem i wykonujemy ruchy wspinaczkowe.

Indianie wyjmują ze swoich toreb liny do wspinaczki i rzucają je wysoko, aby zaczepiły się na górskich skałach. Teraz wspinają się po linach. Potrzebują do tego dużo siły.

Zmęczeni i wyczerpani docierają do celu. Są dokładnie przed wejściem do jaskini.

Cichutko i ostrożnie wślizgują się do jej wnętrza.

Dłońmi cicho głaszczemy kolana.

Jednak cóż to, co to jest?

Patrzymy na siebie ze zdumieniem.

W ciemnościach błyszczy dwoje oczu. Indianie wyjmują zapałki i zapalają je.

Aaaaaaaaaaaaaaaaaaaaaaaaaaaaa! Niedźwiedź!

Głośno krzyczymy.

Indianie szybko schodzą z góry, przepływają rzekę, tupią po błocie, brną przez bagno, biegną po moście i przez łąkę, wracają do swojego plemienia. Uff, udało się!

Szczególne w tej historii jest to, że w czasie drogi do jaskini trzeba pokonać różne obszary, które należy zobrazować rytmicznie. W czasie ucieczki przed niedźwiedziem wszystkie odgłosy trzeba wykonywać w szybkim tempie i w odwrotnej kolejności.

Dźwiękowa podróż

od 2 lat

Dzielimy dzieci na dwie grupy. Jedna grupa siedzi w wewnętrznym kręgu, ciasno, bliziutko siebie i zamyka oczy.
Pozostałe dzieci klękają w zewnętrznym kręgu, wokół siedzących już dzieci. Wychowawczyni zaczyna wydobywać za pomocą części ciała określony dźwięk, na przykład klaszcze, uderza w podłogę, bębni pięściami w podłogę, cmoka, pstryka, trze rękami o podłogę, stuka. Wysyła ten dźwięk w podróż. Po kolei dźwięk wykonuje każde dziecko z zewnętrznego kręgu, aż dotrze on znów do wychowawczyni. Potem kolejny dźwięk wyrusza w podróż. Również dzieci mogą kolejno wysyłać swoje dźwięki w podróż. Dla dzieci w wewnętrznym kręgu wspaniałym przeżyciem jest słuchanie wędrujących po zewnętrznym kręgu dźwięków.

Podróż muzycznych przeżyć

od 3 lat

Dzieci uwielbiają podróżować, przeżywać fantastyczne przygody i czuć muzykę. Połączenie spokoju i ruchów pomaga im na świadomą koordynację swoich ruchów.

Do „Podróży muzycznych przeżyć" przygotowujemy pacynkę, która będzie nam towarzyszyć. Czarodziejski dywan przeniesie nas w najróżniejsze kraje. Nie może oczywiście zabraknąć niewielkiego światła albo lampki zapachowej, która będzie nam służyć jako cudowna lampa.
Muzyka medytacyjna zobrazuje nasz lot, a różne instrumenty, takie jak bębenki, drewienka akustyczne, skorupy orzecha kokosowego, dzwonki, grzechotki oddadzą cudowność wielobarwnych krajów.

Teraz ruszamy!
Pacynka przedstawia się dzieciom i zaprasza je w podróż.
Przeżyjemy teraz wspólnie coś szczególnego! Polecimy w daleką podróż czarodziejskim dywanem, w obce kraje, których wcześniej nigdy nie widzieliście.

Zapalamy cudowną lampę.
Tylko z tą czarodziejską lampą uda nam się dotrzeć do obcych krajów.

Teraz układamy się wygodnie na latającym dywanie i wsłuchujemy w dźwięki muzyki medytacyjnej.
Kiedy ułożycie się wygodnie na naszym latającym dywanie i będziecie zupełnie cicho, poczujecie, jak dywan unosi się w powietrze. On wznosi się coraz wyżej i wyżej, prosto do chmur. Tutaj wysoko jest bardzo cicho, nie słychać żadnego odgłosu. Pierwszą wizytę odbędziemy w Kraju Olbrzymów. Przygotujecie się, poczujcie, jak wasze ramiona rosną, a nogi stają się coraz dłuższe i dłuższe. Kiedy muzyka ucichnie, lądujemy. Wstajemy, schodzimy z naszego dywanu i wyruszamy do Kraju Olbrzymów.

Wyłączamy muzykę i poruszamy się po całej sali jak olbrzymy. Wyciągamy ramiona do góry, mocno tupiemy nogami w podłogę. Wychowawczyni gra rytmicznie na bębenku. Jego dźwięk przedstawia ciężkie kroki olbrzymów.

Nasza wizyta w Kraju Olbrzymów skończyła się. Teraz odwiedzimy Kraj Karłów. Przygotujcie się na tę wizytę. Poczujcie, jak zaczynacie się kurczyć, jak stajecie się coraz mniejsi. Zmniejszamy się, jak to tylko możliwe, i poruszamy się jak karzełki. Gramy wtedy na drewienkach akustycznych powoli i cichutko.

Wskazówka: Można odwiedzić również inne kraje i użyć w tym celu innych instrumentów.

Lecimy dalej i przygotowujemy się do kolejnego lądowania w Kraju Najszybszych Biegaczy. W wasze nogi wstępuje energia i czujecie ogromną siłę.
Dzieci biegają po sali. Towarzyszymy im dźwiękami grzechotki.

Teraz wita nas Kraj Powolności. Czujecie, jacy jesteście zmęczeni i słabi? Wasze dłonie, ramiona i nogi poruszają się bardzo wolno. W Kraju Powolności pozdrawiamy wszystkich mijanych mieszkańców powolnym uściskiem dłoni.
Chodzimy wolno po sali. W rytm grają skorupy orzecha kokosowego.

Teraz czeka na nas Kraj Siłaczy. Poczujecie w waszych mięśniach siłę i energię.
Chodzimy obok siebie i pokazujemy sobie wzajemnie nasze naprężone mięśnie. Zginamy w tym celu ramiona. Wychowawczyni gra na dzwonkach.

Czas na powrót. Latający dywan leci ponad łąkami, jeziorami i górami. Obserwujemy chmury i rozkoszujemy się delikatnym wiatrem. Powoli schodzimy na ziemię, a nasza pełna przeżyć podróż się kończy.
Lądujemy i wysiadamy. Pacynka dziękuje wszystkim dzieciom za wspólna wyprawę.

Wodna muzyka

od 3 lat

naczynie z wodą, dzbanek do nalewania, butelki, kieliszki do wina o różnej grubości brzegu, około sześciu jednakowych szklanek, patyczek albo metalowy pręcik, słomki do napojów, miska, ewentualnie ścierki do wycierania

W wodnej muzyce dzieci mogą odkryć zupełnie nowe odgłosy i różnorodne tony. Uczą się dostrzegania różnych wysokości dźwięków i rozróżniania ich.

Wprowadzenie: Najpierw wyjaśniamy dzieciom zasadę działania wodnych instrumentów, a potem pozwalamy każdemu zagrać. Wspólnie opisujemy powstające odgłosy, wysokość dźwięku i rozmawiamy o tym, jak instrument brzmi: jak syrena albo jak ryba i tak dalej. Porównujemy dźwięki ze sobą, które są wyższe, a które niższe. Potem wspólnie próbujemy znaleźć wyjaśnienie tych zjawisk.

Wskazówka: Ważne, aby w tej zabawie uczestniczyły aktywnie wszystkie dzieci.

Butelkowe organy

Napełniamy butelkę wodą do połowy. Słuchamy i obserwujemy, co się dzieje, gdy woda wpływa do butelki. Dmuchamy przez otwór i wydobywamy dźwięk.
Do drugiej butelki nalewamy trochę więcej wody. Dzieci porównują teraz dźwięki.

Wodna harfa

Dwa kieliszki do wina o różnej grubości brzegu napełniamy do połowy wodą. Mokrym opuszkiem pociągamy dookoła po brzegu, aż usłyszymy czysty dźwięk.

Wodne kuranty

Sześć jednakowych szklanek stawiamy w rzędzie. Pierwszą napełniamy prawie do samego brzegu, a do następnych nalewamy coraz mniej wody. Im więcej wody, tym niższy dźwięk. Patyczkiem albo pręcikiem uderzamy w brzeg szklanki, aby uzyskać dźwięk.

Bulgocząca butelka
Do butelki nalewamy trochę wody. Słomką do napojów wdmuchujemy do wody powietrze, aby bulgotała. By to zadanie mogło wykonywać naraz kilkoro dzieci, możemy nalać wody do miski.

Koncert
Każde dziecko wybiera dla siebie instrument i wszystkie grają razem. Instrumentami wodnymi można również oprawić muzycznie jakąś historyjkę.

Historia wodnych dźwięków

Pewnego pięknego dnia Iza i Maks wybrali się nad jezioro, aby popływać łódką.

Kolorowo **połyskujące promienie słoneczne** migotały na powierzchni jeziora.	*wodne kuranty*
Kiedy dzieci wsiadły do **łodzi**, ta zaskrzypiała.	*wodna harfa*
Łagodny wiatr poniósł łódkę na środek jeziora.	*butelkowe organy*
Iza i Maks zobaczyli małe **rybki** pływające w wodzie, które na powierzchni wody tworzyły kręgi.	*bulgocząca butelka*
Dzieci rozkoszowały się **ciepłymi promieniami słońca**, **delikatnym wiatrem**, skrzypiącymi **dźwiękami łodzi** i **bulgotaniem rybek**.	*wszystkie instrumenty*
Łagodny wiatr unosił oboje do brzegu.	*butelkowe organy*
Iza i Maks wyciągnęli **łódkę** z wody.	*wodna harfa*
Na brzegu jeziora słyszeli **bulgotanie** wielu **rybek**.	*bulgocząca butelka*
Dzięki **ciepłym promieniom słonecznym** łódka bardzo szybko wyschła.	*wodne kuranty*

Ruch i taniec z muzyką

od 3 lat

Dzieci kochają muzykę i wielką radość sprawia im poruszanie się i tańczenie do niej. W czasie przedstawionych tu tańców trenujemy przede wszystkim zdolności społeczne. Dzieci uczą się dopasowania ruchów do innych dzieci, uczą się prowadzić innych i być prowadzonym, uczą się przedstawiania własnych pomysłów w grupie i akceptowania pomysłów kolegów. Podczas wymyślania własnych ruchów do muzyki, pobudzana jest dziecięca kreatywność. Kształcimy również poczucie rytmu i gotowość wyrażania siebie i swoich uczuć poprzez ruch.

Gazetowy taniec

Dzieci tańczą dwójkami na rozłożonej gazecie. Muszą uważać, żeby nie wyjść za jej obszar. Za każdym razem, kiedy przerwiemy muzykę, składamy gazetę na pół tak, aby była coraz mniejsza. Przez to taniec staje się trudniejszy.

Taniec w parach

Dzieci tańczą parami w dowolny sposób: kręcą się wspólnie, podskakują, biorą się pod ręce. Na podłodze sali rozkładamy kilka płytek dywanowych. Gdy muzyka milknie, każda para szuka sobie dywanika. (Jedna para zajmuje jeden dywanik). Potem dzieci wracają do tańca, a wychowawczyni zabiera w tym czasie jeden dywanik, żeby nie starczyło ich dla wszystkich par. Na koniec wszyscy tańczą wokół jednej płytki dywanowej. Para, która zdobędzie ten ostatni dywanik, wygrywa.

Taniec dziurek od guzików

Dzieci robią koło i trzymają się przy tym za ręce. Wszyscy tańczą w rytm muzyki. Jedno dziecko puszcza rękę i biegnie pod ramionami dwójki innych dzieci. Pozostałe, tworząc węża, biegną za nim, aż znów utworzą koło.

Taniec ze szczotką

Dzieci tańczą w parach. Jedno tańczy ze szczotką. Kiedy muzyka ucichnie, dziecko szybko odkłada szczotkę i szuka sobie pary. Każde dziecko musi w tym czasie znaleźć dla siebie inną parę. Kto zostanie bez partnera, musi tańczyć ze szczotką. Zabawę tę można kontynuować dowolnie długo.

Taniec motyli

Dzieciom przywiązujemy do dłoni i ramion dwie chusty, które imitują motyle skrzydła. Teraz poruszają się dowolnie po sali w rytm muzyki. Ramiona pracują jak skrzydła. Dzieci mogą się kręcić i tańczyć w większych grupach.
Wspólnie z całą grupą układamy taniec motyli. Dzięki temu dzieci tworzą i realizują swoje pomysły. Przez to wzmacniają zaufanie do samego siebie, a także poczucie własnych umiejętności.

Medytacja światła

od 4 lat

Medytacja ta nadaje się świetnie na czas Bożego Narodzenia. Dzieci szukają wewnętrznego spokoju, cieszą się i podziwiają światło.
Z gałązek jodłowych układamy kształt ślimaka lub spirali. Potem, zaczynając od wnętrza spirali, układamy drugi raz taką samą formę. Między gałązkami układamy w jednym kręgu gwiazdki na których w czasie medytacji będziemy stawiać świece. W środku spirali umieszczamy świecę. Puszczamy spokojną muzykę do medytacji. Najpierw wychowawczyni idzie ze swoim medytacyjnym światełkiem do środka spirali. Nadaje się do tego niski słoiczek albo gruba szklanka wysypana piaskiem do której wkładamy małą świeczkę. Wychowawczyni zapala swoje światełko od dużej świecy i wraca do początku spirali, gdzie stawia światło na pierwszej gwiazdce. Każde dziecko dostaje po drodze swoje medytacyjne światełko i idzie wzdłuż spirali do jej środka. Zapala je i wraca do kolejnej gwiazdki. Jeśli jest wystarczająco dużo światełek, dzieci mogą kilkakrotnie wędrować do dużej świecy, aż cała spirala zostanie oświetlona.

Taniec ze światłami

W rytm spokojnej muzyki tańczymy z medytacyjnym światłem. Nawet z prostych kroków powstanie wspaniały taniec.
Dzieci mogą na przykład chodzić jedno za drugim w koło, podchodzić do środka koła, podnosić swoje światełka, odwracać się i wracać do pozycji wyjściowej.

Rozdział 5
Natura i technika

Natura, otoczenie i technika – badania i eksperymenty

Ważne, aby nasze dzieci zachęcać do poznawania świata natury i pozwalać im na eksperymentalne poznawanie rządzących nim praw. Dzięki praktycznemu działaniu, eksperymentowaniu, wypróbowywaniu, obserwacji i porównaniom maluchy mogą same zdobywać wiedzę.

- W czasie eksperymentowania dzieci uczą się obserwacji i dostrzegania związków.
- Uczą się wyrażania w słowach swoich obserwacji.
- Dzięki własnym badaniom i odkryciom rozpoznawane są realne związki i zależności.
- Pobudzana jest ciekawość i żądza badań.
- Poszukujemy wyjaśnień dla prowadzonych obserwacji. Odpowiadamy na pytania dzieci.

Podstawy metodyczne

- Należy pomyśleć o istniejących zagrożeniach i wprowadzić odpowiednie zasady i środki bezpieczeństwa.
- Do eksperymentów trzeba przygotować materiały umożliwiające dobrą obserwację (przezroczyste naczynia), a także manipulowanie (wanna).
- Dzieciom najpierw trzeba zaprezentować eksperyment, a potem należy im umożliwić samodzielne jego przeprowadzenie. Materiały powinny być łatwo dostępne, aby móc zawsze utrwalić wiedzę. Można w tym celu założyć z dziećmi w przedszkolu kącik eksperymentów.
- Dzieci powinny same szukać wyjaśnień. Można to wspierać, stawiając odpowiednio ukierunkowane pytania.
- Ważne, aby wyjaśnienia konstruowane były odpowiednio do intelektualnego poziomu dzieci.
- Powinniśmy podchwytywać dziecięce pomysły na eksperymentowanie i wspólnie poszukiwać odpowiedzi na dziecięce pytania.
- Dzieci powinny notować swoje pomysły i spostrzeżenia na kartkach. Mogą na przykład malować przedmioty, które pływają i które toną.

Na tropie natury

od 2 lat

W świecie natury zawsze znajdziemy coś, co dzieci mogą odkrywać. Maluchy interesują się roślinami, małymi zwierzętami. Chcą poznawać okolicę i nieustannie dowiadywać się czegoś nowego.
Bardzo duże znaczenie mają dla nich dni spędzone na łonie natury, wyjścia do ogrodu, do lasu, spacery. Przyroda daje im wiele możliwości do nauki.
Szczególną rolę odgrywają tu zmysłowe kontakty z naturą. Dzieci mają możliwość swobodnego poruszania się, samodzielnego doświadczania świata czuciem, wzrokiem, węchem. Obcowanie z przyrodą daje możliwość kompleksowego nauczania. Dzieci rozwijają swoją samoświadomość i łączność ze światem. Uczą się szacunku i uznania. Odkrywają, jak wiele radości mogą dostarczyć małe i niepozorne rzeczy.

Do badań i odkryć dzieci powinny mieć do dyspozycji odpowiednie materiały:

- **Przeźroczysty pojemnik do obserwacji owadów ze szkłem powiększającym w pokrywce:** Można w nim obserwować małe zwierzęta, takie jak chrząszcze, gąsienice, biedronki.
- **Lornetkę:** Dzieci lubią chodzić na wyprawy z lornetką. Bardzo interesujące jest dla nich, kiedy nagle coś oddalonego staje się duże.
- **Przewodnik:** Kiedy dzieci odkryją jakąś roślinę albo małe zwierzę, chcą się więcej o nich dowiedzieć. W przewodnikach można wspólnie poszukać odpowiedzi na pytania zadawane przez dzieci. Najlepiej, by książki te zawierały dobrej jakości zdjęcia i wyczerpujące informacje na temat życia, odżywiania i przestrzeni życiowej zwierząt. Dzieci dowiedzą się również o ważnych rzeczach na temat roślin: czy należą do leczniczych, czy do przypraw, czy są trujące, gdzie występują, w której porze roku kwitną i kiedy owocują.

Karty z naturalnych elementów

Znalezione przez dzieci trawy, kwiaty, liście i zioła można sprasować i zrobić z nich karty. W tym celu naklejamy roślinę na karton i podpisujemy ją. Pokrywamy kartę folią, żeby chroniła przyklejoną roślinę. Gotowe karty można przechowywać w małej skrzyni albo w pudełku po butach. Dzieci mogą je oglądać i nazywać rośliny.

Zakładamy mały ogród

Dzieci nie mają wielu możliwości obserwowania, jak coś rośnie. Większość rodzin nie posiada własnych ogrodów, gdzie dzieci mogłyby obserwować wzrost roślin. Owoce i warzywa kupujemy na targu albo w supermarkecie.
Dlatego ważne jest, aby razem z dziećmi wysiać nasiona, które będzie można podlewać i obserwować, jak powstaje określona roślina – kiełkowanie i jej wzrost, kwitnięcie i dojrzewanie owoców. Dzieci mogą podziwiać, jak z małego ziarenka powstaje smaczny owoc albo cudowny kwiat.

Na mały ogród nadaje się już grządka o wielkości około 2 m^2. Jeśli nie dysponujemy taką przestrzenią, możemy osiać skrzynkę balkonową albo po prostu dużą donicę.

Przygotowanie gruntu

Usuwamy chwasty motyką, najlepiej z korzeniami. Przekopujemy dokładnie ziemię, aby ją spulchnić, nawozimy i wyrównujemy grabiami. Dzieci mogą nam pomagać w wyrywaniu chwastów i grabieniu.

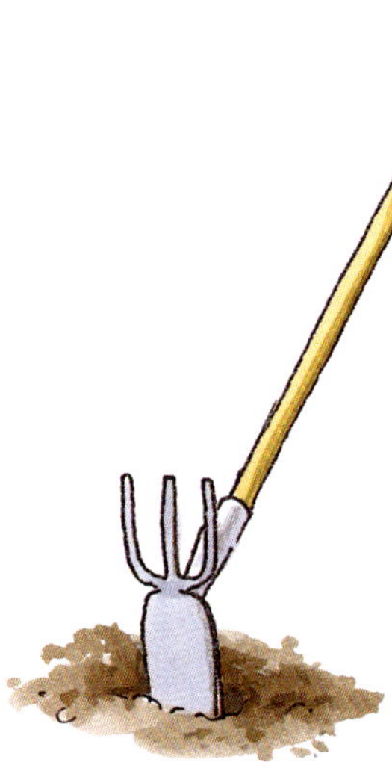

Przygotowanie skrzynki lub donicy

Spód skrzynki lub donicy wysypujemy warstwą żwirku, aby mogła przez niego przepływać woda. Naczynie wypełniamy ziemią i możemy je obsadzać.

Sadzenie i sianie

Ogród lub skrzynki powinniśmy obsiewać lub obsadzać na wiosnę i w lecie. Wysadzane mogą być truskawki, pomidory, sałata, ogórki, a wysiewane rzodkiewka, fasola, marchewka.

Pielęgnacja

Rośliny i nasiona powinny być przez dzieci regularnie podlewane, a ziemia lekko okopywana motyką. Chwasty co jakiś czas usuwane.

Wskazówka: Ważne, aby dokładnie dowiedzieć się w sklepie ogrodniczym albo przeczytać, kiedy sieje się określoną roślinę lub sadzi i jak należy ją pielęgnować.

Zbiory

Ważne, aby zbierać razem z dziećmi. Można coś wspólnie ugotować, a warzywa zjadać na surowo. Dzieci są bardzo dumne z tego, że same wyhodowały i pielęgnowały rośliny, które jedzą.

Czego roślina potrzebuje do wzrostu?

cztery ziarna fasoli

Jedno ziarno fasoli wsadzamy do doniczki z ziemią, stawiamy ją na słońcu, regularnie podlewamy. Fasola ma wszystko, czego potrzebuje do wzrostu.
Dwa kolejne ziarna wsadzamy do doniczek z ziemią. Jedną stawiamy w ciemnym pomieszczeniu i regularnie podlewamy, a drugą stawiamy w słońcu, w ogóle nie podlewając. Można zaobserwować, że ziarno niepodlewane nie wschodzi. Ziarno stojące w ciemności wschodzi i rośnie, ale bardzo wolno. Poza tym roślina nie nabiera koloru.
Czwarte ziarno kładziemy na wilgotnym ręczniku kuchennym. Ziarno zaczyna kiełkować, ale nie powstaje z niego roślina, ponieważ brakuje jej substancji odżywczych z ziemi.
Dzięki temu eksperymentowi dzieci dowiadują się, że rośliny potrzebują do wzrostu światła i ciepła słonecznego, wody i substancji odżywczych z ziemi.

Zakładamy terrarium

duże, przezroczyste naczynie (na przykład puste akwarium) wypełniamy ziemią i kamyczkami

Kładziemy do naczynia patyczki, liście i trawę. Aby go przykryć docinamy potrzebny kawałek kartonu (odrobinę większy od otworu naczynia). W kartonie robimy szczeliny lub dziurki, żeby zapewnić zwierzętom dopływ tlenu. Poza tym umieszczamy w naczyniu wilgotną chusteczkę. Teraz możemy delikatnie włożyć do terrarium jakieś małe zwierzę, na przykład gąsienicę i obserwujemy ją: jak je liść po liściu, jak przędzie kokon na patyku, jak się przepoczwarza. Kiedy tylko wykluje się motyl, powinniśmy go przenieść w jakieś bezpieczne miejsce na wolności, na przykład od ogrodu. Takie zadanie rozwija w dzieciach poczucie szacunku do istot żywych.

Wskazówka: Przed założeniem terrarium musimy zebrać dokładne informacje, czego zwierzęta potrzebują do życia i co dokładnie jedzą. Przez obserwacje zwierząt dzieci uczą się obchodzenia z nimi. Mogą też pokonać ewentualne obrzydzenie. Wiedza dzieci poszerza się i potrafią zaobserwować zachodzące zależności.

Świadome przeżywanie różnych pór roku i pogody

od 1 roku

Dzieci zawsze z ogromnym zainteresowaniem stają w oknie, patrzą na zewnątrz i obserwują niebo i pogodę. Zmieniające się pory roku przynoszą ze sobą różną pogodę. Aby dzieci mogły świadomie doświadczać zmian pogodowych, ciepła i zimna, ważne, aby często wychodziły na spacery. W odpowiednim do pory roku ubraniu można wychodzić nawet w pochmurne dni. Zaobserwujemy wtedy na przykład ślimaki. Dzieci powinny sobie uświadomić, że deszczowych dni potrzebujemy tak samo jak słonecznych. Już w poprzednio przytaczanych eksperymentach mogły się dowiedzieć, dlaczego ważny jest deszcz i słońce. Każda istota żywa i każda roślina potrzebuje do życia wody, światła i ciepła.

Kalendarz pór roku

od 3 lat

Właściwie w dowolnym momencie pracy z grupą przedszkolną można rozpocząć rozmowy z dziećmi o kalendarzu i zmianie pór roku. Maluchy każdego dnia poznają odpowiadającą mu porę roku, miesiąc, dzień tygodnia, datę w kalendarzu. Dzięki temu pory roku, miesiące, dni tygodnia zapadają dzieciom w pamięć i cały rok staje się dla nich przejrzysty, przewidywalny. Uczą się, jakie miesiące należą do określonej pory roku i jakie święta w nich obchodzimy, jaka jest kolejność dni tygodnia.

Eksperymenty z wodą

Co pływa? Co tonie?

od 2 lat

dwie chusteczki (czerwona i niebieska), duża wanna z wodą, ewentualnie ściereczki do wycierania, przedmioty, które pływają (deseczki, patyczki, korek, papierowe stateczki, styropian, kora, trawa), rzeczy, które toną (łyżki, kulki, kamienie, monety, spinacze biurowe, muszelki), szklana butelka

Woda daje wiele możliwości eksperymentowania. Dzieci lubią próbować, co po niej pływa, a co w niej tonie. W czasie zabawy i poprzez eksperymenty wychwytują rzeczywiste związki i znajdują odpowiedzi na wiele swoich pytań.

Wodne eksperymenty z różnymi przedmiotami

Stawiamy na środku wannę z wodą. Dzieci muszą wypróbować, co tonie w wodzie, a co nie. Aby można było w jednoznaczny sposób posortować przedmioty, kładziemy obok niebieską chustę dla przedmiotów, które pływają i czerwoną dla tych, które toną. Najpierw dzieci nazywają poszczególne materiały i próbują odgadnąć, co się stanie, kiedy przedmiot włożymy do wody. Następnie obserwujemy, co się stanie, gdy pływające przedmioty dociśniemy do dna wanny (dzieci widzą, że rzeczy wypływają na powierzchnię). Potem sortujemy wszystkie elementy.

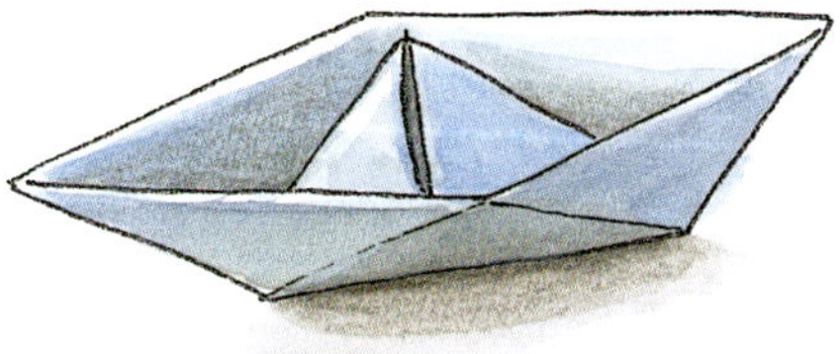

→ Dzieci poznają, że przedmioty z drewna, papieru, styropianu i korka nie toną, że są lżejsze niż woda. Przedmioty z kamienia, szkła i metalu toną, ponieważ są cięższe od wody.

Wodne eksperymenty z powietrzem

Dzieci snują przypuszczenia, czy zakręcona butelka utonie w wodzie. Kładziemy ją na wodzie i obserwujemy, co się stanie. Wspólnie zastanawiamy się, dlaczego butelka nie utonęła.

Odkręcamy butelkę i dociskamy ją do dna wanienki, aby napełniła się wodą, a bąbelki powietrza wypłynęły na wierzch.

→ Po ulatniających się bąbelkach powietrza dzieci poznają, że butelka zawierała powietrze, które wypłynęło do góry, ponieważ jest lżejsze od wody. Dlatego przedmioty zawierające powietrze nie toną.

Z tą podstawową wiedzą dzieci mogą zrozumieć rzeczywiste związki w przyrodzie. Dzięki pontonom, skrzydełkom do pływania, kołom ratunkowym możemy utrzymywać się na wodzie, ponieważ są one napełnione powietrzem.

Pływanie i tonięcie

Dzieci kładą deseczkę na wodzie. Będzie to nasza łódka. Niepływające przedmioty, jak na przykład kamienie, kładziemy na łódkę jako „pasażerów" i wtedy mogą trzymać się na powierzchni wody. Próbujemy zatopić łódkę, sadzając na niej jak najwięcej „pasażerów".

→ W tym eksperymencie widać, że przedmioty lżejsze od wody mogą utrzymać na jej powierzchni określoną ilość przedmiotów tonących. Przedmioty cięższe od wody, mogą zatopić te, które bez obciążenia pływają po wodzie.

Na podstawie tych obserwacji dzieci uczą się, że łódkami możemy transportować określoną ilość przedmiotów, które same nie potrafią pływać po wodzie.

Woda jest ważna dla życia

od 3 lat

miska z wodą, dostęp do zamrażalnika/kostki lodu, talerz, garnek z wodą, kuchenka, spinacz biurowy albo igła, papier, płyn do zmywania naczyń, dwa małe wiaderka, igła, sznurek, wanna, patyczki

Dzieci lubią eksperymentować z wodą. Szczególnie w gorące letnie dni chcą się nią chlapać, żłobić jeziorka w piasku lub robić błoto. Poprzez zabawę poznają cechy i znaczenie wody. W przedstawionych eksperymentach możemy się dowiedzieć, że woda jest cenna i wartościowa. Bez niej nie moglibyśmy żyć. Dzieciom trzeba uświadomić, że woda występuje na ziemi w różnych formach i spełnia wiele funkcji.

Wprowadzenie do eksperymentów z wodą: Miska z wodą powinna być ustawiona na środku, a dzieci opowiadają o wodzie.

- Do czego potrzebujemy wody?
- Gdzie występuje woda?
- Jakie cechy ma woda?
- Badamy cechy wody za pomocą dłoni.
- Dzieci opisują wodę – zimna, mokra, płynna.

Z lodu powstaje woda

Wstawiamy wodę do zamrażalnika. Lód wykładamy do wysokiego talerza i obserwujemy, co się z nim stanie w temperaturze pokojowej.

- Przy 0°C woda zamarza. W temperaturze pokojowej lód topnieje i znów staje się wodą. Również zimą przy niskich temperaturach woda zamarza, a podczas cieplejszych dni topnieje.

Woda paruje

Stawiamy garnek z odrobiną wody na kuchence i pozwalamy jej się zagotować. Dzieci mogą tylko słuchać i patrzeć, jak woda zaczyna kipieć. Obserwujemy też parę wodną, która unosi się nad garnkiem.
Przykrywamy garnek pokrywą i po chwili zdejmujemy z kuchenki. Na pokrywce utworzyły się krople wody.

→ Przy 100°C woda wrze. Paruje i wznosi się w powietrze. Jeśli położymy pokrywkę, para wodna schładza się i znów staje się wodą.

Woda ma powierzchnię

Jak już zauważyliśmy przy eksperymencie z topieniem i pływaniem, metal tonie. Istnieje jednak pewien wyjątek. Napełniamy miskę albo talerz wodą. Wkładamy spinacz albo igłę na mały kawałek papieru. Kładziemy go potem delikatnie na powierzchni wody. Obserwujemy, co się stanie.

→ Papier namięka i powoli tonie. Spinacz pływa nadal po powierzchni.

Wskazówka: Dzieci mogą dodać do wody płynu do zmywania i patrzeć, co się dzieje: spinacz biurowy tonie.

Spinacz nie tonie, ponieważ powierzchnia wody zbudowana jest jak sieć. Może unosić lekkie rzeczy, o małej objętości, jak spinacz, który jest cienki i wąski. Dlatego też możemy obserwować owady na powierzchni wody. Są one małe, lekkie i mają krótkie odnóża.

Siła wody może wprawić coś w ruch

Na ścianie wiaderka tuż przy jego dnie robimy gwoździem dwa otwory naprzeciwko siebie. Przy wyciąganiu gwoździa musimy go lekko nacisnąć w kierunku ściany wiaderka tak, aby powstało lekkie wgłębienie. Gwóźdź naciskamy w obu otworach w tę samą stronę. Przez rączkę wiaderka przewiązujemy sznurek i związujemy razem oba jego końce. Napełniamy wiaderko wodą i trzymamy za sznurek wysoko w górze nad wanną. Możemy teraz zaobserwować, jak działa siła wody.

Wskazówka: Eksperyment ten może być również dobrą zabawą z wodą w lecie. Jeśli wbijamy w ziemię drewniany maszt i przymocujemy do niego drewienko, możemy zaczepić na nim sznurek z wiaderkiem. Pod wiaderkiem można ustawić wanienkę.

→ Woda wypływa po obu stronach wiaderka, które obraca się wokół własnej osi.

Przez to, że woda wypływa po obu stronach, wiaderko wprawiane jest jej siłą w ruch. Poprzez wgłębienia przy otworach woda kierowana jest w określoną stronę. Wiaderko porusza się w odwrotnym kierunku, niż wypływa woda.

Eksperymenty z powietrzem

Powietrze otwiera wiele możliwości eksperymentowania. Dzieci mogą zetknąć się z właściwościami powietrza. Dowiedzą się, że bez powietrza nie możemy żyć, że powietrze można poczuć i jest wszędzie.

od 3 lat

kłębki waty, miska z wodą, szklanka, papier, talerz, świeczka do podgrzewacza, zapałki, gruby papier, balonik, klamerka do bielizny, słomka do napojów, sznurek, taśma klejąca, dwa krzesełka.

Wprowadzenie do eksperymentów z powietrzem: najpierw powinniśmy porozmawiać z dziećmi o powietrzu. Wspólnie ustalamy, gdzie występuje powietrze, kto potrzebuje go do życia, czy można go poczuć, do czego go potrzebujemy. Dzieci na pewno mają wiele doświadczeń na ten temat, co zachęci je do dyskusji.
Nabieramy głęboko powietrza, przytrzymujemy je chwilę i wydychamy. Dowiadujemy się, że musimy oddychać, aby móc żyć. W powietrzu zawarty jest tlen, którym oddychamy.

Poczuć powietrze

Dmuchamy na siebie wzajemnie, tak że możemy poczuć powietrze. Wspólnie opisujemy, jak je czujemy: na przykład ciepłe, zimne, łagodne, mocne, wilgotne i tak dalej.

Poruszyć coś za pomocą powietrza

Kładziemy kłębek waty na środku stołu. Dmuchając, dzieci próbują wprawić go w ruch. Mogą to porównać z wiatrem. Wiatr składa się z prądów powietrza, które mogą coś poruszyć.

Nurkujący klosz

Stawiamy na środku miskę z wodą. W szklance ugniatamy papier tak, aby nie wypadał, gdy ją odwrócimy. Szklankę trzymamy prosto i powoli wciskamy do wody, wlotem do dołu. Potem wyciągamy szklankę.

➔ Papier pozostaje suchy.

Wspólnie zastanawiamy się, dlaczego papier jest suchy. Dzieci mogą się dowiedzieć, że powietrze znajduje się wszędzie, a w szklance jest nie tylko papier, ale również powietrze. Kiedy zanurzamy szklankę w wodzie, powietrze nie może ujść, jest zamknięte w szklance i zapobiega dostawaniu się wody do szklanki i zamakaniu papieru.

Spragniona szklanka

Talerz napełniamy wodą. W środku stawiamy świeczkę do podgrzewacza i zapalamy ją. Nakładamy szklankę na świecę.

➔ Płomień gaśnie, a poziom wody w szklance podnosi się.

Zastanawiamy się, dlaczego płomień znika. Dowiadujemy się, że płomień wykorzystuje cały tlen w szklance. Kiedy go już nie ma, płomień gaśnie. Powstaje wtedy przestrzeń i siła, która wsysa wodę do szklanki.

Klejący papier

Szklankę napełniamy po brzegi wodą i kładziemy na nią gruby papier. Przytrzymujemy ręką papier i odwracamy ostrożnie nad miską szklankę do góry dnem. Dzieci zgadują, co się stanie, kiedy przestaniemy trzymać papier.

→ Kiedy oddalimy rękę, papier pozostanie przy brzegach szklanki, a woda z niej nie wypłynie.

Papier przykleja się do szklanki i woda z niej nie wypływa, ponieważ nacisk powietrza jest większy niż waga wody, a w szklance nie ma powietrza, więc próbuje się ono do niej dostać.

Balonowa rakieta

Na sznurek nawlekamy słomkę. Końce sznurka przywiązujemy do dwóch krzesełek. Pompujemy balonik, a jego wylot zaciskamy klamerką do bielizny, aby powietrze nie mogło z niego ujść. Balon przyklejamy taśmą klejącą do słomki na sznurku. Przesuwamy go do pozycji wyjściowej. Wlot powinien dotykać do oparcia krzesła.
Dzieci snują przypuszczenia, co może się stać, kiedy zdejmiemy klamerkę.

→ Kiedy tylko klamerka zostaje zdjęta, powietrze z balonu uchodzi, a on przesuwa się do drugiego krzesła.

Dzieci dowiadują się, że powietrze ma też siłę. Kiedy tylko powietrze uchodzi, powstaje siła, która porusza balonem.

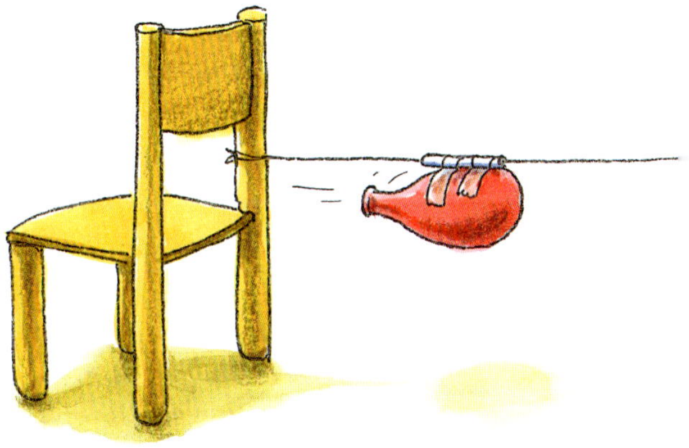

Eksperymenty z ziemią

od 2 lat

ziemia, łopatka, duży słój, lupa, szklanka z wodą, różne biologiczne odpady, plastikowe odpadki, wek, dżdżownica, liście, odpadki owocowe, trawa

Ziemia może być dla dzieci cennym materiałem do eksperymentów. Poznają ją poprzez własne badania i odkrycia, przez co doceniają jej znaczenie dla ludzi, zwierząt i roślin.
Poprzez eksperymentowanie z ziemią dzieci odkrywają zasady rządzące naturalnym krążeniem elementów mineralnych.

Wprowadzenie do eksperymentów z ziemią: Zanim zaczniemy eksperymenty, pokażmy dzieciom ziemię, dajmy im ją poczuć i powąchać, maluchy mogą opowiedzieć, co czuły, czym ziemia pachniała i gdzie się znajduje.

Wycieczka odkryć

- **Gdzie znajduje się ziemia?**

Wyjdźmy na zewnątrz, poszukajmy rożnych miejsc, gdzie znajduje się ziemia. Zobaczymy ją na placu zabaw, w ogrodzie, w lesie, nad rzeką, a nawet pod ulicą. Kiedy staniemy na żwirowej drodze z łopatką i zrobimy dołek, zobaczymy, że i w nim znajduje się ziemia.

- **Z czego składa się ziemia?**

Wkładamy do szlanki odrobinę ziemi. Oglądamy ją dokładnie pod lupą. Być może odkryjemy istoty żywe, kamyki, a może jeszcze coś innego. Wlejmy do ziemi odrobinę wody, aby lepiej zobaczyć jej części składowe. Kamyki opadają na dno. Ziemia miesza się z wodą, a liście i patyczki wypływają na powierzchnię wody.

Widać, że ziemia składa się z wielu elementów. Poza tym dzieci mogą w niej odkryć żyjątka, takie jak dżdżownice, chrząszcze, larwy.

Odpady naturalne wracają do ziemi

Wspólnie zbieramy różne odpady, na przykład torebki plastikowe, kubeczki po jogurtach, makulaturę, resztki owoców. Wykopujemy w ziemi cztery dołki, do pierwszego wkładamy torebki plastikowe, do drugiego kubeczki po jogurtach i tak dalej. Dołki zakupujemy i zaznaczamy kamieniami. Po około 6 tygodniach odkopujemy je i ustalamy, co się stało.

Dzieci mogą sprawdzić, że owoce i makulatura gniją i stają się ziemią. Plastik nie gnije. Dlatego ważne, aby segregować śmieci, oddzielać odpady, które nie biodegradują i, jeśli to możliwe, unikać ich używania.

Słój dżdżownic

Napełniamy duży słój ziemią i wkładamy do niej dwie dżdżownice. Na wierzchniej warstwie kładziemy kilka liści, resztki owoców albo trawę. Słój stawiamy w ciemnym miejscu. Po kilku dniach sprawdzamy, co się zmieniło.

Dzięki temu eksperymentowi dowiadujemy się, że dżdżownice jedzą liście, owoce i trawę, a wydalają je w postaci nowej ziemi. Poznajemy przez to znaczenie małych zwierząt i nabieramy do nich szacunku.

Eksperymenty z ogniem

od 4 lat

duża blaszana puszka, kamienie, kulki szklane, monety, małe gałązki, papier, zapalniczka, talerz, świeczka do podgrzewacza, szklanka, naczynie z wodą i naczynie z piaskiem

Ogień ma wiele właściwości. Ludzie wykorzystują te pozytywne, ale ogień może też nieść ogromne niebezpieczeństwo. Przedstawione eksperymenty zaprezentują dzieciom cechy ognia. Dzieci powinny się dowiedzieć, do czego potrzebujemy ognia, czym może nam grozić, które materiały płoną, a które nie, jak można ugasić ogień.

Wprowadzenie do eksperymentów z ogniem: Dobrze porozmawiać z dziećmi, co wiedzą o ogniu, dlaczego jest niebezpieczny, gdzie występuje.

Co płonie, a co nie?

Ten eksperyment dla bezpieczeństwa powinniśmy przeprowadzić na zewnątrz, na asfalcie. Mówimy dzieciom, że nie wolno go wykonywać samodzielnie w domu, lecz tylko przy pomocy dorosłych.
W dużej puszcze dzieci składają kamienie, kulki monety. Wkładamy potem zebrane patyczki i papier. Papier zapalamy.

➜ Papier i drewno palą się. Pozostaje po nich popiół. Kamienie, metal i szkło nie płoną.

Kiedy ogień zgaśnie, a żar ostygnie, wysypujemy zawartość puszki i patrzymy, co zostało.

Dzięki temu eksperymentowi dzieci dowiadują się, że papier i drewno palą się, a kamienie, metal i szkło nie. Dzieci wiedzą, że z drewna i papieru pozostaje tylko popiół.

Czego potrzebuje ogień, aby płonąć?

Stawiamy świeczkę do podgrzewacza na talerzyku i zapalamy ją. Stawiamy do góry dnem pustą szklankę tak, aby zapalona świeca była w środku. Obserwujemy, co się wydarzy.

→ Płomień gaśnie.

Ogień potrzebuje powietrza, aby płonąć. Kiedy ogień zużyje cały tlen z powietrza w szklance, płomień gaśnie.

Jak można ugasić ogień?

Zapalamy świeczkę do podgrzewacza na talerzyku. Dzieci najpierw się zastanawiają, czym można ugasić ogień.

→ Polewamy płomień wodą.
→ Zasypujemy płomień piaskiem.

Dowiadujemy się, że ogień da się ugasić wodą i piaskiem.

Można opowiedzieć dzieciom o pracy straży pożarnej.

Na tropie kolorów

od 3 lat

talerz, ocet, woda, filtr do kawy, zmywalne wodą flamastry, farby akwarelowe albo farby do malowania palcami w podstawowych kolorach – niebieskim, czerwonym i żółtym, pędzel i papier do malowania

Kolory są dla dzieci czymś fascynującym, co występuje wszędzie i zabarwia cały świat. Poprzez zaproponowane eksperymenty dzieci mogą postrzegać kolory świadomie. Dowiedzą się, że z żółtego, niebieskiego i czerwonego mogą stworzyć wszystkie inne kolory.

Wprowadzenie do eksperymentów z kolorami:
Omawiamy z dziećmi, jakie kolory znają, gdzie one występują, jak kolory wyglądają w świetle dziennym, w promieniach słońca, w czasie deszczu, w nocy i jakie są ich ulubione kolory.

Rozpuszczanie kolorów

Na talerzu mieszamy wodę z kilkoma kroplami octu.
Na filtrze do kawy malujemy obok siebie zmywalnym w wodzie flamastrem kilka różnej grubości różnokolorowych punktów.
Dolny brzeg musi pozostać wolny.
Dolny brzeg zamaczamy w wodzie z octem. Kolorowe punkty nie mogą zostać zamoczone. Obserwujemy, co się stanie.

→ Filtr wciągnie octową wodę, która będzie rozmaczała papier coraz wyżej i wyżej, aż dotrze do kolorowych punktów. Flamastry rozpuszczą się i będzie można zobaczyć, z jakich kolorów powstają inne barwy.

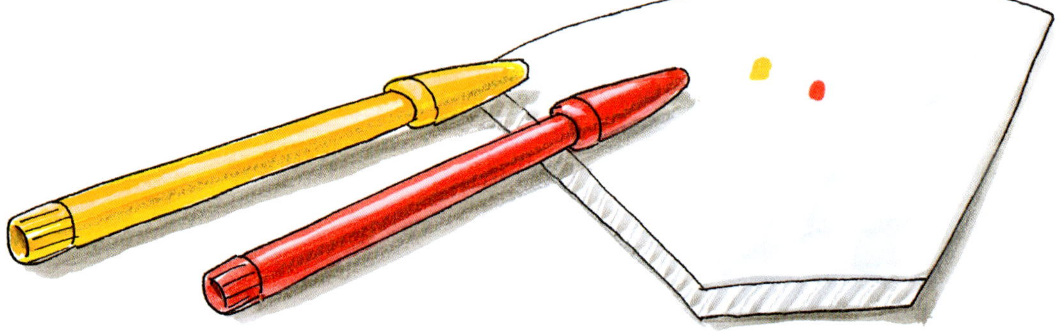

Mieszanie podstawowych kolorów

Przygotowujemy trzy podstawowe kolory farb: niebieski, czerwony i żółty oraz pojemnik z wodą.

Do każdego koloru powinniśmy przygotować kilka pędzli tak, aby barwy się nie mieszały.
Dzieci malują dwa kolory obok siebie – czerwony i żółty, niebieski i żółty, czerwony i niebieski. Potem mieszają kolory mokrym pędzlem.
Później można nałożyć obok siebie wszystkie trzy kolory i znów rozmieszać je mokrym pędzlem.

→ Z wymieszania żółtego i czerwonego powstaje pomarańczowy, niebieskiego i żółtego – zielony, a czerwony i niebieski daje fioletowy. Jeśli zmiesza się wszystkie trzy kolory, otrzymujemy, w zależności od ilości użytych farb, odcienie brązu bądź szarości.

Dzieci mają możliwość samodzielnego mieszania kolorów i uczą się, z jakich kolorów utworzyć nowe barwy.

Malowanie kolorowej historii

Opowiadamy dzieciom kolorową historyjkę. Dzieci używają do malowania kolorów o których słyszą. Dzięki temu pojmują to opowiadanie obrazowo. Cieszą się, że mogą przeżywać kolory na żywo.

Niebieski szuka przyjaciela
Był sobie raz mały, okrągły Niebieski.
Na dużej kartce papieru malujemy okrągły, niebieski krąg.

Był on zupełnie sam i czuł się samotny. Dlatego postanowił poszukać przyjaciela, który wyglądałby inaczej niż on.
W tym celu pobiegł w daleki świat.
Malujemy kilka niebieskich punktów.

W pewnym momencie Niebieski zobaczył z daleka coś okrągłego – jasnego Żółtego. Nigdy nie widział czegoś równie pięknego.
Na środku papieru rysujemy żółty krąg.

Z radości Niebieski podbiegł szybko do Żółtego.
Do żółtego kółka domalowujemy niebieski.

Zapytał Żółtego:
– Chcesz, żebyśmy byli przyjaciółmi? Ty wyglądasz tak pięknie, a ja jestem taki samotny.
Żółty zawołał:
– Tak, z największa przyjemnością!
Obaj objęli się mocno. I co się stało? Nagle kolory zmieniły się. Na miejscu, w którym kolory się objęły, lśnił Zielony.
Niebieskie i żółte koło malujemy tak, aby zachodziły na siebie. W środku farby mieszają się.

Żółty i Niebieski pobiegły szczęśliwe dalej.
Rysujemy wiele żółtych i niebieskich punktów.

Wkrótce spotkały czerwoną piłkę.
Rysujemy na kartce czerwone koło.

Kiedy Czerwony zobaczył, że obie farby są takie szczęśliwe ze sobą, chciał pójść z nimi. Zapytał Niebieskiego i Żółtego:
– Mogę iść z wami? Nie mam nikogo, a we trójkę na pewno dużo ciekawiej i weselej poznawać świat.
– Tak, oczywiście możesz iść z nami. To będzie dla nas wielka radość, że taki piękny kolor będzie nam towarzyszyć! – odpowiedziały Żółty i Niebieski.
Z radości zatańczyły wkoło. Nagle ich kolory znów się zmieniły. W miejscu, gdzie Niebieski zmieszał się z Czerwonym, powstał Fioletowy. Tam, gdzie z Żółtym zmieszał się Czerwony, zalśnił Pomarańczowy, a między Żółtym i Niebieskim powstał Zielony.
Malujemy obok siebie trzy kółka w trzech kolorach. Tam, gdzie zetkną się brzegami, kolory zmieszają się ze sobą.

Eksperymenty z wielkością i ilością

od 3 lat

W podstawowej wiedzy matematycznej jest ważne, aby dzieci umiały rozróżniać wielkości i ilości. Szczególnie w wieku przedszkolnym rozwija się u nich poczucie umiejętności sortowania według wielkości i rozróżniania ilości.

Można wspólnie eksperymentować z wielkością i ilością. Dzieci przyzwyczajają się w ten sposób do tych pojęć. Poprzez doświadczenia doskonalą również poczucie wspólnoty i motywację do pracy zespołowej.

Porządkowanie według długości

różnej długości klocki (mogą być klocki Lego)

Interesuje nas każda długość klocków. Kładziemy wszystkie na środku. Dzieci zaczynają najpierw sortować je według długości. Kiedy zrobią to z wszystkimi klockami, mogą z łatwością zaobserwować, które klocki są najdłuższe, które krótsze, a które najkrótsze.

Różna liczba

różnej długości klocki (mogą być klocki Lego)

Dziecko kładzie jeden z klocków na środku. Kolejne dziecko kładzie pod nim dwa takie same klocki, jeden obok drugiego. Następne dziecko pod spodem kładzie trzy kolejne. Liczba klocków za każdym razem jest dokładnie odliczana, aż do momentu, kiedy ułożymy w rzędzie dziesięć klocków.
Dzieci mogą w ten sposób poznać, że dzięki każdemu klockowi powiększa się ich liczba. Mogą się dowiedzieć, że dziesięć klocków to więcej niż dwa.

Przelewanie wody

menzurka, wąska i szeroka szklanka

Menzurkę zaznaczamy w jednym miejscu. Do tego miejsca dzieci nalewają wody, a potem przelewają ją do jednej ze szklanek. Potem kolejny raz napełniają menzurkę do zaznaczonego miejsca i wylewają ją do drugiej szklanki.

Oczywiście w wąskiej szklance poziom wody jest wyższy niż w szklance szerokiej. Dzieci uświadamiają sobie, że poziomy różnią się dlatego, że w wąskiej szklance nie może się tak rozlewać, jak w szerokiej. Ilość wody jest jednak w obu przypadkach taka sama.

Kiedy przelejemy wodę z powrotem do menzurki, udowodnimy, że w każdej szklance jest taka sama ilość wody, chociaż ich poziomy w szklankach są różne.

Eksperymenty z plasteliną

Każde dziecko otrzymuje jednakowy kawałek plasteliny i formuje z niego kulkę. Potem zmienia jej kształt i ugniata długi wałeczek.

Długość się zmieniła, ale ilość plasteliny pozostaje ta sama. Dla dzieci może to być zadziwiające. Uświadamiają sobie, że nie tylko długość, ale także szerokość i wysokość może być zmienna, mimo stałej ilości.

Polecamy dzieciom ponowne zrobienie kulki, aby im uświadomić, że ilość pozostaje taka sama. Teraz dzieci mogą dowolnie zmienić kształt plasteliny. Poprzez ten eksperyment dzieci dowiadują się, że forma może się zmieniać, ale ilość stale jest ta sama.

Mierzenie przedmiotów

Na długiej linijce zaznaczamy każdą dziesiątkę innym kolorem. Dzięki temu dzieciom będzie łatwiej jej używać. Maluchy szukają różnych przedmiotów i mierzą je linijką. Mogą też porównywać, które zabawki są mniejsze, a które większe.

Przedmioty i zabawki mogą być sortowane według wielkości i koloru. Dzieci uczą się przy tym, że rzeczy mają różne długości.

Mierzmy, jak jesteśmy duzi

Aby dzieci mogły zmierzyć siebie, wieszamy na ścianie miarkę. Przy każdej dziesiątce możemy nakleić jakąś figurkę albo zwierzątko. Dzieci mierzą się i patrzą, do jakiej figurki dosięgają. Mogą porównywać, jak się zmienia ich wysokość. Sprawia im to wiele radości. Przez tę zabawę w dzieciach rozbudza się zainteresowanie cyframi. Dużo szybciej uczą się ich zapisów i znaczenia.

Eksperymenty z magnesami

od 3 lat

W przedstawionych eksperymentach dzieci obserwują siłę magnesów i same wypróbowują niektóre ich funkcje i cechy. Dzięki zrozumieniu działających zasad, rozwijają swoje myślenie.

Wytwarzamy ładunek elektryczny

balonik, wełniana chusta

Pocieramy balonik o wełnianą chustę, a potem przystawiamy go sobie do włosów.

→ Włosy nagle przykleją się do balonu i podnoszą się do góry. Jeśli będziemy cicho, możemy usłyszeć delikatne trzaski.

Przytrzymujemy przy włosach balon, którego nie pocieraliśmy o wełnianą chustę, i obserwujemy różnicę.

→ Włosy nie są przyciągane przez balonik.

Poprzez pocieranie balon zostaje naładowany elektrycznie: ładunki ujemne przenoszone są z chusty na balon, który działa jak magnes.

Wprowadzenie do eksperymentów z magnesami: Szukamy różnych magnetycznych i niemagnetycznych przedmiotów. Dzieci mogą spróbować, które z nich są przyciągane przez magnesy, a które nie. Dzielą je na dwie grupy.
W dwóch magnesach zaznaczamy biegun północny i południowy. Dzieci zaobserwują, że te same bieguny odpychają się, a różne – przyciągają.

Kiedy spinacz biurowy się uniesie

spinacz biurowy, nitka, magnes, papier, materiał, plastikowa torebka, cienka tektura

Do spinacza biurowego przywiązujemy nitkę i trzymamy drugi jej koniec. Przytrzymujemy nad spinaczem magnes.

➔ Magnes przyciąga spinacz, który unosi się w powietrzu.

Magnes przyciąga spinacz, nie dotykając go. Ponieważ spinacz przytrzymywany jest nitką, unosi się dzięki magnetycznemu przyciąganiu w powietrze. Im silniejszy jest magnes, tym silniej przyciąga spinacz.

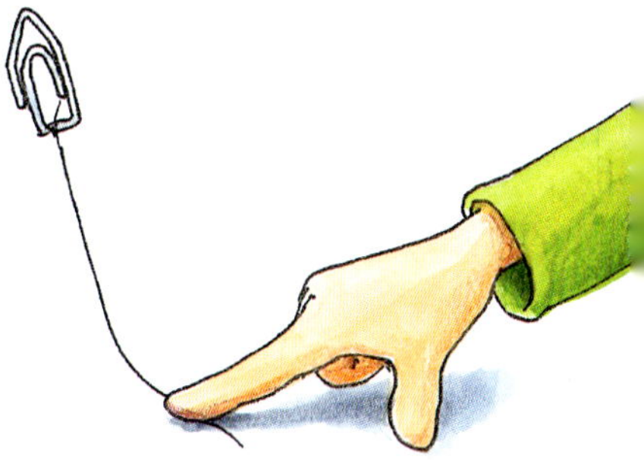

Działanie magnetyzmu przez niemagnetyczny materiał

Kładziemy spinacz pod papier. Kiedy przyłożymy magnes nad spinacz, przyciąga on spinacz i można go unieść razem z papierem. Po zabraniu spinacza, papier spada, ponieważ jest przytrzymywany właśnie przez spinacz.
Zamiast papieru, można również użyć w tym eksperymencie kawałka materiału, torebki plastikowej albo cienkiej tektury. Również w tych przypadkach magnetyzm oddziałuje przez materiał i przyciąga spinacz. Im silniejszy magnes, tym większa siła przyciągania.

Magnesy przyciągają przedmioty. Magnetyzm działa nawet przez niemagnetyczne materiały. Jeśli między magnesem i magnetycznym przedmiotem znajduje się przedmiot niemagnetyczny, magnetyzm działa. Im grubszy i mocniejszy jest niemagnetyczny materiał, tym silniejszy musi być magnes.

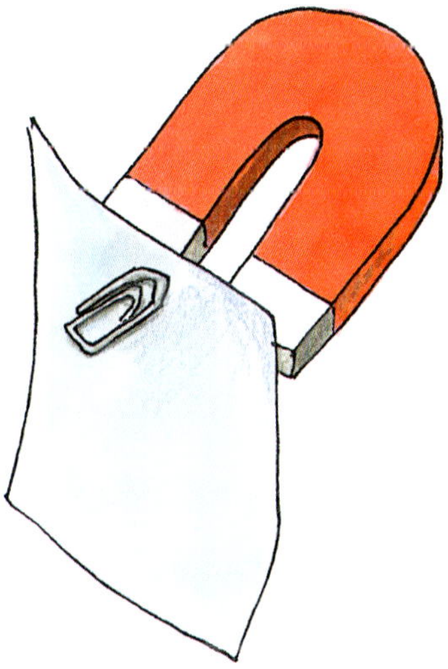

Przenoszenie magnetyzmu

Magnesem łapiemy spinacz biurowy. Przykładamy do nich kolejny spinacz, bez poruszania magnesu.

➔ Spinacz przykleja się do pierwszego.

Dzieci mogą sprawdzić, jak długi łańcuszek utworzony ze spinaczy utrzyma magnes.

Widać, że na każdy spinacz w łańcuchu oddziałuje magnes.

Oddalamy pierwszy spinacz od magnesu i obserwujemy, co się stanie.

➔ Pozostałe spinacze odpadają od siebie.

Bez magnesu spinacze tracą swoją siłę magnetyczną.
Tylko poprzez magnetyzm magnesu wszystkie kolejne spinacze mogą utrzymać się jeden przy drugim.

Magnetyczny statek

gruby karton, masa papierowa, farby, pudełka po zapałkach, gwóźdź, taśma klejąca, papier, wykałaczka, magnes

Z masy papierowej robimy na grubym kartonie wyspę. Farbą kryjącą malujemy karton. Z pudełek od zapałek robimy łódki i przyklejamy do każdego pudełka taśmą klejącą gwóźdź.
Z papieru wycinamy maszt, który mocujemy do łódki wykałaczką. Statek kładziemy na kartonie. Pod pudelkiem przytrzymujemy magnes i poruszamy nim. Statek pływa. Możemy się przekonać, że magnes wprawia w ruch magnetyczny przedmiot nawet przez niemagnetyczny materiał, jak karton. Dzieci mogą również wykonać tory z tunelem na łące i lokomotywę.

Rozdział 6
Nauczanie kognitywne

Nauczanie kognitywne

Dzieci nabywają zdolności kognitywnych, konfrontując się ze światem. Należy im dostarczać różnorakich możliwości do obserwowania i eksperymentowania.

Ćwiczenia na spostrzeganie i pamięć

W tym rozdziale przedstawimy zabawy, które wspomagają u dzieci zdolność spostrzegania i pamięć. Są to najczęściej zabawy w grupie, które dzieci bardzo lubią, a które przy okazji wspierają ich rozwój.
Umiejętność zapamiętywania jest szczególnie ważna w rozpoznawaniu związków, porządkowaniu i rozróżnianiu rzeczy. W pamięci magazynujemy informacje i możemy je przywoływać na żądanie.
Inne wspomagane obszary to zdolność reagowania i percepcji.
Zabawy prowokują dzieci do myślenia i reagowania.
Poprzez wzajemną komunikację w czasie zabawy wspomagamy również umiejętność mówienia. Ważne jednak, aby w podczas zabawy na pierwszym miejscu znajdowała się radość i zainteresowanie, ponieważ tylko wtedy można rzeczywiście się uczyć.

Zabawy w kręgu

Sałatka z butów

od 3 lat

Wszystkie dzieci zdejmują swoje buty i kładą w środku koła. Buty mieszamy. Pantomimicznie dodajemy jeszcze zioła i przyprawy. Jedno dziecko zaczyna i musi wyszukać z sałatki buty kolegi. Dziecko, które otrzymało swoje buty, szuka teraz pary dla wybranej osoby.

Raz, dwa, trzy – wstajemy!

od 3 lat

Prowadzący zabawę podaje ruch, który wszyscy muszą wykonać, na przykład: „Raz, dwa, trzy – wstajemy!" Wtedy wszystkie dzieci szybko wstają. Jeśli jednak prowadzący powie tylko „raz, dwa, trzy" albo samo „wstajemy", nikomu nie wolno się ruszyć. W czasie tej zabawy trzeba być bardzo uważnym.

Inne przykłady:
Raz, dwa, trzy – siadamy!
Raz, dwa, trzy – tupiemy!
Raz, dwa, trzy – klaszczemy!
Raz, dwa, trzy – podskakujemy!
Raz, dwa, trzy – obracamy się!
Raz, dwa, trzy – trzęsiemy pupami!

Kto się zmienił?

od 3 lat

Zabawa polega na zmianie czegoś w wybranym dziecku: na przykład odwrotnie zakłada ono buty, zakłada kapelusz, łańcuszek albo apaszkę. W czasie tej przemiany jedno dziecko wychodzi z sali i czeka. Kiedy wszystko jest gotowe, dzieci wołają:

Wejść! Powiedz nam, kto się zmienił.

Wskazówka: Trudniejszą wersją jest zmiana czegoś jednocześnie u dwójki dzieci.

Dziecko musi dokładnie wszystkich obejrzeć i zgadnąć, u którego kolegi coś się zmieniło.

Memory

od 4 lat

Wszystkie dzieci, z wyjątkiem dwójki, otrzymują karty (Piotruś) ze zwierzętami lub obrazki. Każde zwierzę musi występować dwukrotnie. Dzieci dokładnie oglądają swoje obrazki i zapamiętują narysowane zwierzę. Potem kładziemy karty pod swoimi krzesełkami tak, aby nie było widać obrazków. Dwójka dzieci bez kart zaczyna grać w Memory. Jedno po drugim, proszą dwójkę dzieci, aby wydały odgłos swojego zwierzęcia. Maluchy muszą dokładnie zapamiętać, jaki odgłos należy do jakiego dziecka. Jeśli odkryją dwa takie same zwierzęta, siadają na podłodze. Dziecko, które znajdzie więcej par – wygrywa.
W następnej rundzie na nowo rozdajemy wszystkie karty.
W innym wariancie w Memory może grać tylko jedno dziecko. Pozostałe po kolei naśladują odgłos swojego zwierzęcia, a grający musi je zapamiętać. Potem wskazuje pary. Jeśli nie umie tego zrobić lub wskazał wszystkie zapamiętane pary, dzieci powtarzają swoje odgłosy.

Gra w kolory

od 4 lat

Jedno dziecko – Ekspert Kolorów – wychodzi z sali. Pozostałe dzielą się na dwie grupy, czerwoną i niebieską. Jako znak rozpoznawczy, malujemy im na dłoniach odpowiedniego koloru punkt, którego jednak w czasie zabawy nie wolno pokazać.
Maluchy mieszają się. Ekspert Kolorów musi zgadnąć, które dzieci należą do tej samej grupy. W tym celu podchodzi do każdego i pyta: „Kto lub co ma twój kolor?". Dziecko opisuje swoją barwę, na przykład: „Niebo ma mój kolor".
Ekspert kolorów musi pogrupować dzieci według ich opisów. Jako pomoc mogą służyć niebieska i czerwona chusta położone na środku sali. Kiedy wszystkie dzieci zostaną podzielone, pokazują swoje znaczki na dłoniach, aby Ekspert Kolorów mógł sprawdzić, czy się nie pomylił i czy wszyscy stoją na odpowiednich chustach.
Potem wybieramy kolejnego eksperta. Można również zmienić kolory grup.
Jeśli chcemy podnieść stopień trudności, dzielimy maluchy na trzy lub cztery kolorowe grupy. Ważne, aby dzieci znały przyporządkowane im kolory.

Zabawa w reagowanie z przedmiotami i obrazkami

od 3 lat

Kładziemy na środku kilka przedmiotów lub obrazków (drzewo, dom, ptak, kwiat, lody, kot, pies, ryba, kaczka, słońce, jabłko, dziewczynka, chłopiec, rower).
Opowiadamy dzieciom historyjkę, w której występują przedmioty ze środka koła. W opowiadaniu szczególnie podkreślamy nazwy tych przedmiotów. Dzieci muszą uważać na nie i przynieść ze środka odpowiedni przedmiot. Trzeba reagować jak najszybciej. Kto uzbiera najwięcej przedmiotów, wygrywa. Jeśli w czasie opowiadania okaże się, że któreś dzieci nie potrafią dość szybko reagować, proponujemy rundę tylko dla tych osób i wtedy wyznaczamy kolejność, w której dzieci pojedynczo muszą zareagować na występujący na środku przedmiot (wykluczymy element wyścigu).

Przykład historyjki:
Pewnego pięknego dnia, kiedy **słońce** ocieplało ziemię promieniami, mała **dziewczynka** wyszła ze swoim **psem** na spacer. Przechodziła obok stawu. Zobaczyła na nim **kaczkę** pływającą po wodzie i wiele małych **rybek**. Jej **przyjaciel** przechodził również koło stawu. Wspólnie pobiegli przez piękną łąkę, gdzie rosło wiele **kwiatów** i fruwały kolorowe **motyle**. Mały **ptaszek**, siedzący na **drzewie**, śpiewał słodką piosenkę. Dzieci pobiegły dalej i po drodze minęły wysoką **wieżę**.
Na jej szczycie zaczął dzwonić **dzwon**. Ponieważ był już wieczór, dziewczynka pożegnała się i wróciła do **domu**. Późnym wieczorem, kiedy położyła się spać, patrzyła przez okno na migające na nocnym niebie **gwiazdy**.

Zgadywanki z przedmiotami i obrazkami

od 3 lat

Zadajemy maluchom zagadki. Odpowiedni przedmiot musi zostać szybko przyniesiony ze środka. Dzieci mogą same wymyślać zagadki na temat wybranego przedmiotu i przedstawić je całej grupie.

Przykłady zagadek:

- Co świeci nocą na niebie? *gwiazda*
- Co rośnie na łące? *kwiat*
- Co pływa w wodzie i ma łuski? *ryba*
- Z czego można pić? *filiżanka*
- Co ma dach i dużo okien? *dom*
- Co może dzwonić? *dzwon*
- Które zwierzę zjada mysz? *kot*
- Jakie zwierze składa jaja? *kura*

Rymowanki z przedmiotami i obrazkami

od 4 lat

Pokazujemy maluchom przedmioty i obrazki, a one muszą się zastanowić, co rymuje się z nazwą pokazanego przedmiotu. Potem dzieci same mogą wymyślać nazwy kolejnych przedmiotów.

Przykłady rymów:

Co rymuje się z	mysz?	*ryż*
	łapa?	*mapa*
	kasa?	*rasa*
	nos?	*sos*
	usta?	*chusta*
	kot?	*płot*

Historie wymagające reakcji

Bello i Moryc

od 3 lat

Bello i **Moryc** to dwa psy, które bardzo się lubią. **Bello** ma gładkie, czarne futro, a **Moryc** kudłate, brązowe. Kiedy **Bello** biegnie na łąkę, **Moryc** pędzi za nim niczym wiatr. **Bello** i **Moryc** baraszkują do woli na soczyście zielonej łące. Machają przy tym z radości ogonkami. Czasami **Bello** i **Moryc** idą na wędrówkę odkryć. **Bello** węszy w kretowiskach, a **Moryc** grzebie łapami w ziemi. Szczególnie wiele radości mają **Bello** i **Moryc** z polowania na zające. Z ogromną prędkością gonią je po lesie i próbują złapać. Jednak zając jest zawsze za szybki i **Bello** i **Moryc** tracą po chwili oddech. Wieczorami, kiedy **Bello** i **Moryc** są już zmęczeni, biegną z powrotem do domu. **Bello** i **Moryc** jedzą wspólnie ze swoich psich misek. Potem **Bello** i **Moryc** kładą się w budzie i szczęśliwi i zadowolenia zasypiają. O wschodzie słońca **Bello** i **Moryc** budzą się i znów przeżywają kolejne przygody.

Opowiadamy dzieciom tę historię. Imiona psów **Bello** i **Moryc** podkreślamy szczególnie dobitnie. Kiedy padnie któreś z imion, dzieci muszą szybko zareagować. Na imię Bello wstają, a na Moryc siadają na krzesełkach.

Kaczka Kwak, kot Mruczek i jeżyk Kolec

Kaczka Kwak, **kot Mruczek** i **jeżyk Kolec** byli przyjaciółmi. Za każdym razem, kiedy **kaczka Kwak**, **kot Mruczek** lub **jeżyk Kolec** wpadał w tarapaty, wzajemnie sobie pomagali. **Kaczka Kwak** przepędzała drapieżniki głośnym kwakaniem, **kot Mruczek** swoimi ostrymi pazurami, a **jeżyk Kolec** stroszył igły w chwili niebezpieczeństwa. **Kaczka Kwak**, **kot Mruczek** i **jeżyk Kolec** prawie nigdy się nie bali, a jeśli któreś z nich poczuło strach, **Kaczka Kwak**, **kot Mruczek** i **jeżyk Kolec** wspierali się wzajemnie. Pewnego dnia, kiedy **kaczka Kwak** spacerowała na zielonej łące w pobliżu lasu, cicho i potajemnie podkradł się w jej pobliże żarłoczny lis. Swoimi ostrymi pazurami schwytał kaczkę. Zaczęła kwakać z całych sił, przyzywając pomocy. Kiedy **kot Mruczek** to usłyszał, pobiegł ile sil w łapach na łąkę i podrapał czoło podłego lisa swoimi ostrymi pazurami. Jednak lis nie puścił **kaczki Kwak**. Na to przybiegł z pomocą **jeżyk Kolec**. Jeż zwinął się w kulkę, nastroszył mocno kolce i poturlał się szybko za lisem. Ze strachu lis wypuścił **kaczkę Kwak** i uciekł. **Kaczka Kwak**, **kot Mruczek** i **jeżyk Kolec** tańczyli w koło z radości i obiecali sobie na wieki zostać przyjaciółmi.

W tej historii na słowa „kaczka Kwak" dzieci wstają, na „kot Mruczek" wchodzą na krzesła, a na „jeżyk Kolec" znów siadają.

Litery i cyfry

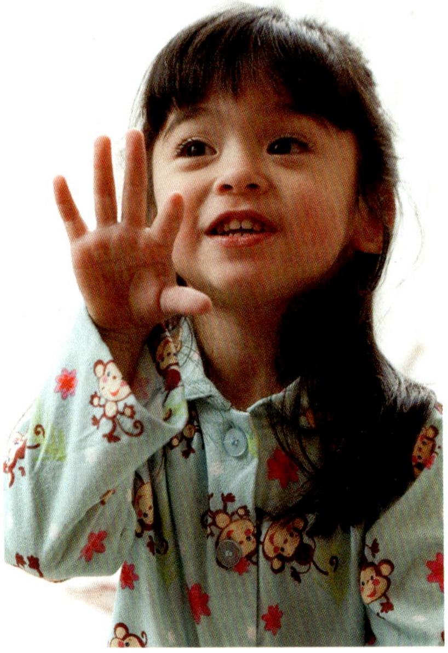

Już w przedszkolu dzieci interesują się cyframi i literami. W tym wieku są szczególnie podatne na nauczanie przez zabawę. Mają naturalną ciekawość i ogromną chęć odkrywania. Cyfry i litery należą dziś do świata dzieci. Większość cztero- i pięciolatków chce w radości oczekiwania na szkołę jak najwięcej czytać i pisać. Dzieci każą sobie dużo czytać, opowiadać historyjki do obrazków, próbują przeczytać napisy na opakowaniach, piszą bazgrołami listy i przepisują pojedyncze litery. Angażują własne literackie umiejętności w swoich zabawach. Policjant zawsze podaje karteczkę z zapisanym mandatem, a uczeń odrabia zadania domowe. Dzieci odkrywają komunikacyjną funkcję języka i rozwijają zainteresowanie czytaniem i pisaniem.

Warsztat pisarski

od 3 lat

W przedszkolu można założyć wraz z dziećmi warsztat pisarski, przeznaczając na to któryś z kątów sali. Ważne, aby był jasny i odgraniczony od miejsca głośnych zabaw, by dzieci mogły się skoncentrować i bawić bez przeszkód.
W warsztacie pisarskim powinny znaleźć się stoły i krzesełka, papier i pisaki.
Można powiesić również plakat z alfabetem, aby dzieci mogły dokładnie obejrzeć wszystkie litery i zostały zachęcone do nauki pisania i czytania.

Tablica do pisania kredą

Codziennie można zauważyć, jak dzieci bawią się w szkołę. Szkoła jest dla dzieci czymś szczególnym i czują się przez to doroślejsze.
W naszym warsztacie pisarskim możemy również ustawić tablicę, na której dzieci mogą pisać i rysować.

Maszyna do pisania

Maszyna do pisania cieszy się u dzieci dużym uznaniem. Szczególnie przedszkolaki są zachwycone możliwością stukania w jej klawisze. Nawet kiedy nie znają liter, pisanie sprawia im wiele radości. Piszą w ten sposób na przykład listy, które wykorzystują do zabawy.
Dzieci, które już znają litery, często z wielką gorliwością starają się napisać własne imię lub znane im słówka.

Pisanie piórem i atramentem

Dzieci zawsze interesuje, jak ludzie pisali przed laty, jak malowali, kiedy jeszcze nie było pisaków i długopisów.
Za pomocą pióra możemy pisać i malować atramentem.
Musimy zadbać, aby kałamarz stał stabilnie i aby dzieci miały do dyspozycji podkładki na stół i ściereczki do wycierania.
Ponieważ atrament trudno się spiera, dzieci powinny założyć fartuszki malarskie.

Literkowe stempelki

Stemple są jedną z ulubionych zabawek dzieci. Literowymi stemplami mogą odbijać swoje imię lub proste słowa. Potrzebujemy do tego papieru, podkładek i poduszek z tuszem.

Literki do kolorowania

Do zabaw z literami można przygotować literki do pomalowania. Różne litery rysujemy na papierze, a dzieci najpierw je przepisują, a potem kolorują.

Karty ze słówkami

Dzieci chętnie zapisują imiona swoich przyjaciół albo nazwy ulubionych przedmiotów. Możemy przygotować karteczki ze słówkami, które będą wstępem do pisania. Na kartę naklejamy obrazek albo zdjęcie, a obok zapisujemy odpowiednio wyraz z nazwą przedmiotu na tym obrazku. Na podstawie obrazków dzieci mogą rozpoznawać, co jest napisane na karcie i wybrać ją sobie do przepisania wyrazu.

Matematyka jest wszędzie

Dzieci nieustannie spotykają się z cyframi: na zegarku, kalendarzu, przepisach kulinarnych, numerach telefonów, tablicach rejestracyjnych, grach planszowych, komputerach i tak dalej. Bardzo interesują się cyframi i chcą wiedzieć, co one oznaczają. Matematyka nieustannie pojawia się w codziennym życiu i często pojmujemy jej zasady zupełnie nieświadomie. Nawet wzory, kształty i formy, jak pasy na przejściu dla pieszych, okna, kule albo prędkość, masa i ilość prowadzą do matematyki. Dzieci wchodzą w związek z matematyką, dostrzegając ją, obserwując, badając. Rozwijają przez to własne modele rozumowania, które ułatwiają im późniejsze zetknięcie z matematyką. Intuicja i twórcze myślenie są bardzo ważne w matematyce. Poprzez własne odkrycia dzieci budują zaufanie do własnych zdolności i radości myślenia.

Zabawy z matematyką

Sortowanie

od 3 lat

Mieszamy w misce kilka jednakowych przedmiotów, na przykład kulki, monety, koraliki. Dzieci sortują je do mniejszych miseczek. Mają przy tym wiele radości i poprzez zabawę rozwijają percepcję.

Ważenie

Przy pomocy wagi dzieci mogą dokładnie sprawdzić, co jest lżejsze, a co cięższe. Wieszak i dwie miseczki nadają się do samodzielnego zbudowania wagi.

Nauczanie kognitywne

Rozpoznawanie równych wielkości i ilości

- W czasie budowania dzieci poznają różne wielkości budowli i wież.
- Podczas sprzątania dzieci uczą się sortowania klocków według wielkości.
- W czasie pieczenia poznają różne ilości składników.
- Przelewanie wody: dzieci uwielbiają przelewanie wody do różnej wielkości naczyń i porównywanie szerokości i wysokości poziomu wody.

Mierzenie

Przygotowujemy do dyspozycji dzieci centymetry krawieckie, miarki techniczne, linijki. Dzieci lubią mierzyć nimi i porównywać, co jest tak samo duże, co większe, co mniejsze. Mogą na przykład zmierzyć, jak głęboki jest dół wykopany w piaskownicy albo jak wysoko wyrosły kwiaty w ogrodzie.

Poznawanie kształtów

- Podczas zabaw w składanie papieru dzieci poznają różne linie i kształty.
- Mają możliwość układania różnych wzorów.
- Dzieci mogą malować kształty, wycinać je i układać z nich przeróżne rzeczy.

Odliczanie

- Przy wchodzeniu po schodach odliczamy stopnie.
- Liczymy, ile dzieci siedzi w kręgu, w sali.
- Przygotowujemy tyle krzeseł, ile jest dzieci i wychowawców w grupie.
- Przy nakrywaniu do stołu liczymy naczynia i nakrycia.
- Dzieci w czasie gier planszowych podejmują się rozdzielania kart i pionków.

Odkrywamy liczenie – poznajemy cyfry

- Podczas nazywania cyfr, dzieci zapamiętują ich graficzny zapis.
- Możemy nazywać cyfry w kalendarzach.
- W czasie spaceru szukamy cyfr i nazywamy je. Dzieci na pewno znajdą ich niezliczoną ilość. Przecież cyfry są na każdym domu i każdej rejestracji samochodu. Możemy je sfotografować i stworzyć w przedszkolu cyfrowy kolaż.
- W sali przedszkolnej również znajdujemy różne cyfry – na aparacie telefonicznym, w książkach, zabawkowych wagach, lodówkach, kuchenkach, kalendarzu.
- Możemy cyfry wycinać, rysować, piec.

Liczba jako ilość

- Zabawa w porządkowanie: Dzieci przyporządkowują do cyfr przedmioty w odpowiedniej ilości. Na przykład przy cyfrze 3 kładziemy trzy przedmioty, przy 5 – pięć przedmiotów.
- Gry planszowe z kostkami do gry: Dzieci przesuwają swoje pionki o wylosowaną/wyrzuconą ilość pól.

Tablica dziesiątki

Wykonujemy z dziećmi cyfrową deseczkę. Malując cyfry i odliczając odpowiednią ilość koralików zawieszonych pod cyframi, maluchy uświadamiają sobie cyfry jako ilość. Mogą je za pomocą tej deseczki wciąż na nowo odliczać.

od 4 lat

sztywny, długi kawałek tektury, farby plakatowe, pędzel, papier, nożyczki, kredki, klej, sznurek, koraliki, igła

Opis wykonania

1. Malujemy na ulubiony kolor długi, sztywny kawałek kartonu.
2. Z papieru wykonujemy równe kwadraty, na których zapisujemy cyfry od jednego do dziesięciu i które naklejamy na karton.
3. Do każdej cyfry nawlekamy na sznurek odpowiednią ilość koralików.
4. Gwoździem robimy w kartonie otworek pod każdą cyfrą. Zawieszamy na nim sznurek z odpowiednią liczbą koralików. Dobrze mocujemy go do kartonu.

Indeks

Od 1 roku

Od 2 lat

Zabawy z głosem i dźwiękami wydobywanymi za pomocą części ciała

Na tropie natury

Eksperymenty z wodą

Eksperymenty z ziemią

Od 3 lat

Socjalizacja

Na tropie uczuć

Indeks

Indeks

Indeks

Od 5 lat

Prace ręczne

Budowanie instrumentów